0948

A Prova na Jurisdição Ambiental

S243p Saraiva Neto, Pery
    A prova na jurisdição ambiental / Pery Saraiva Neto. – Porto Alegre: Livraria do Advogado Editora, 2010.
    163 p.; 23 cm.
    ISBN 978-85-7348-680-3

    1. Direito ambiental. 2. Proteção ambiental. 3. Prova: Processo civil. I. Título.

                                    CDU – 349.6

    Índices para catálogo sistemático:
    Prova: Processo civil   347.94
    Direito ambiental   349.6
    Proteção ambiental   349.6

(Bibliotecária responsável: Marta Roberto, CRB-10/652)

Pery Saraiva Neto

A Prova na Jurisdição Ambiental

Porto Alegre, 2010

© Pery Saraiva Neto, 2010

Capa, projeto gráfico e diagramação
Livraria do Advogado Editora

Revisão
Betina Denardin Szabo

Direitos desta edição reservados por
Livraria do Advogado Editora Ltda.
Rua Riachuelo, 1338
90010-273 Porto Alegre RS
Fone/fax: 0800-51-7522
editora@livrariadoadvogado.com.br
www.doadvogado.com.br

Impresso no Brasil / Printed in Brazil

À Angélica, porque antes de colher é preciso plantar, cuidar, persistir, superar...

Prefácio

Apraz-me prefaciar o livro produzido pelo Mestre e Advogado Pery Saraiva Neto, fruto de sua Dissertação de Mestrado realizado no Curso de Pós-Graduação em Direito da Universidade Federal de Santa Catarina – CPGD/UFSC. Minha satisfação é dupla, pois orientei o autor e esta pesquisa foi avaliada, por banca examinadora, como excelente. Além do que Pery Saraiva é pessoa afável e muito séria em relação aos temas relacionados com a proteção ambiental.

O tema central da pesquisa do autor é a questão probatória na jurisdição ambiental. De fato, o autor aprofunda as novas necessidades da prova na Ação Civil Pública e na Ação Popular face às questões difusas ambientais e de risco. Já como temas específicos, entre outros, o autor faz uma ótima investigação sobre a necessidade de uma mudança paradigmática e o emergir do Estado de Direito Ambiental na sociedade de risco, enfrentando os novos contornos do bem ambiental e o fundamento em novos princípios e valores; examina a Ação Civil Pública e a Ação Popular, dando ênfase às peculiariedades da tutela processual ambiental, bem como as limitações estruturais destes instrumentos processuais, apontando como um dos caminhos a maior participação e a dinâmica do Juiz, especialmente em matéria probatória ambiental; busca o autor tratar a importância da prova no processo e, por último, faz um detalhamento da prova ambiental, objetivando demonstrar as principais alternativas à maior eficácia, tendo em vista uma visão reflexiva.

Parabenizo a Livraria do Advogado Editora por propiciar aos seus leitores o livro intitulado *A Prova na Jurisdição Ambiental*, pois trata-se de pesquisa importante para o Direito Ambiental brasileiro. A investigação produzida por Pery Saraiva Neto sob a prova ambiental é um tema que precisava avançar e ser melhor explorado na literatura jurídica. Neste sentido, o autor fez uma obra que será um sucesso, pois tem mérito, conteúdo e aprofunda a temática.

Florianópolis, setembro de 2009.

Prof. Dr. José Rubens Morato Leite
Pesquisador, consultor e bolsista do CNPQ. Professor associado II
dos cursos de graduação e pós-graduação em direito da UFSC. Pós-doutor pela Macquarie,
Centre For Environmental Law, Sydney, Austrália. Doutor pela UFSC. Vice-presidente do
Instituto o Direito por um Planeta Verde. Coordenador do grupo de pesquisa
Direito Ambiental e Ecológica Política na Sociedade de Risco, cadastrado no CNPQ
e autor de várias obras em Direito Ambiental.

Sumário

Introdução 11

1. Crise ambiental, sua percepção e as possibilidades do Estado 15
   1.1. A posição do Estado diante da percepção e da necessidade
   de enfrentamento da crise ambiental 15
      1.1.1. Crise ambiental e sociedade de risco 16
      1.1.2. Perspectivas do Estado no contexto da sociedade de risco 24
   1.2. Desdobramentos do Estado de Direito Ambiental: simultaneidade entre a
   proteção do meio ambiente e o exercício da cidadania como
   pressupostos de sua realização 33
      1.2.1. O direito fundamental ao meio ambiente sadio e equilibrado:
      evolução e reconhecimento constitucional no Brasil 33
      1.2.2. Caracterização do meio ambiente enquanto bem
      jurídico a ser protegido 40
          1.2.1.1. Considerações sobre o dano ao meio ambiente:
          dimensões e peculiaridades 44
      1.2.2. Cidadania ambiental: novos contornos democráticos 51
   1.3. Síntese do capítulo 58

**2. Instrumentos jurisdicionais para a tutela do meio ambiente e atuação
acentuada do juiz: enfatizando o tema da prova** 61
   2.1. Instrumentos jurisdicionais para a tutela do meio ambiente: do
   processo individualista ao processo ambiental 61
      2.1.1. Crise e perspectivas do processo civil 62
      2.1.2. Delineamentos das ações judiciais para a tutela do meio ambiente 71
   2.2. O Poder Judiciário diante das demandas ambientais e a questão da prova 85
      2.2.1. Perspectivas sobre a função jurisdicional na instrução
      do processo envolvendo o bem ambiental 86
      2.2.2. Considerações gerais sobre a prova 93
   2.3. Síntese do capítulo 105

**3. Tratamento da prova na jurisdição ambiental: entre a utilidade instrumental
e o incentivo à cidadania ambiental** 107
   3.1. Adequação das regras de distribuição do ônus da prova 108
      3.1.1. Distribuição do ônus da prova 109
          3.1.1.1. Noções gerais sobre o regramento de distribuição
          do ônus probatório 109

    3.1.1.2. Atenuação dos efeitos da distribuição do ônus da prova em demandas coletivas: um alerta quanto ao uso na jurisdição ambiental 111
  3.1.2. Inversão do ônus probatório 117
    3.1.2.1. Considerações gerais sobre a inversão do ônus da prova 117
    3.1.2.2. Inversão do ônus da prova em matéria ambiental 120
    3.1.2.3. Inversão do ônus financeiro da prova 128
  3.1.3. A distribuição do ônus da prova segundo a aptidão dos litigantes: a distribuição dinâmica do ônus da prova 135
3.2. Valoração e produção da prova na jurisdição ambiental 139
  3.2.1. A prova do nexo de causalidade e sua valoração 141
  3.2.2. A participação popular como meio de prova 148
  3.2.3. A prova na tutela preventiva de dano ambiental 153
3.3. Síntese do capítulo 156

Referências 159

Introdução

A problemática ambiental é um dos temas mais em voga na atualidade mundial, fruto de sua inserção na vida da sociedade civil, no seio acadêmico, nas políticas e discursos governamentais e, mais recentemente, na mídia.

A análise de temas ambientais por uma ótica de crise, a seu turno, é fruto da percepção de que o gênero humano, especialmente nos últimos 40 anos, tem vivenciado e sentido sinais de desgaste e reações do meio ambiente por conta das intervenções humanas.

Há certo consenso quanto às origens desta crise, vinculada ao modo de vida histórico do ser humano, de trato utilitarista dos recursos naturais, por conta de ideários desenvolvimentistas e racionalistas, marcadamente de influência europeia, portanto, uma lógica inicialmente ocidental, significativamente ampliada pela Revolução Industrial e consolidada contemporaneamente, a indicar a busca incessante de acúmulo de riquezas, de construção de padrões de conforto e de suprimento das necessidades humanas.

É, porém, a partir da década de 1970 que passa a emergir o sentimento de insustentabilidade do modo de vida humano – aparentemente ilimitado no sentido de ampliação e busca de satisfação das suas necessidades – diante da constatação das limitações do meio ambiente ou, ao menos, do descompasso entre o tempo humano e o tempo da natureza de recompor seus elementos violados.

Este livro parte da análise deste momento de percepção das reações da natureza ao modo de vida humano. Período este que se caracteriza pela tomada de consciência da problemática ambiental e, por conseguinte, dá azo a um dilema: a manutenção de padrões de vida, culturais e históricos, de acordo com uma lógica racionalista e de busca constante pelo progresso – mesmo diante do conhecimento dos efeitos ambientais negativos decorrentes; ou a abertura para se pensar em novas possibilidades, focadas em atenuar a denominada crise ambiental e propiciar a vida humana de forma mais alinhada com o meio ambiente.

Optando-se pelo segundo caminho, envereda-se pela investigação do que se entende por uma conformação do Estado e da sociedade mais adequada a este momento, fundada em noções dilatadas de prevenção, responsabilidade e democracia.

Serão analisadas, então, as possibilidades de um Estado que adote políticas e que atue de forma preventiva e precaucional, de modo a gerir os riscos ambientais, e ao mesmo tempo adote um sistema de responsabilidade suficientemente hábil tanto para evitar danos ambientais quanto para promover a satisfatória e mais adequada reparação das lesões ao meio ambiente. Também será investigado o modo como esta nova feição estatal pode ser moldada de forma cooperativa, com uma acentuada participação de toda a sociedade, para remodelar a noção de cidadania, passando, portanto, pela necessidade de viabilizar o exercício da participação popular em questões envolvendo o meio ambiente.

Com o propósito de demonstrar que o Brasil possui contornos jurídico-constitucionais de um Estado de Direito Ambiental, será explorada a colocação constitucional do meio ambiente, para acentuar a existência em nosso ordenamento de postulados básicos de prevenção, de um sistema consistente de responsabilidades e de clara recomendação pela inserção da participação popular nos processos de tomada de decisão envolvendo o meio ambiente.

Fixados estes pressupostos, sendo vastas as possibilidades a partir daqueles conceitos, será feito um recorte do tema, para encaminhar o trabalho em direção a uma específica dimensão envolvendo o Estado e a sociedade: a jurisdição, enquanto manifestações do poder estatal.

Isso porque, se o Estado deve assumir novos contornos e incumbências, um dos caminhos para assim proceder será pela adequação dos institutos relacionados à atividade jurisdicional, de modo a que o processo, enquanto instrumento de acesso à justiça, deverá igualmente buscar promover a mais adequada responsabilização, adotar medidas preventivas e viabilizar o acesso dos cidadãos ao Judiciário.

Será tratada, deste modo, da evolução do processo civil, desde sua acomodação para a tutela de direitos individuais até o estágio de tutela de direitos difusos e coletivos, para alcançar o momento atual brasileiro de instrumentos jurisdicionais disponibilizados para a tutela do meio ambiente, realçando-se a Ação Popular e a Ação Civil Pública.

Paralelamente à apresentação de aspectos importantes destas ações, será feita a reflexão sobre a suficiência desses instrumentos para alcançar os fins perseguidos, quer dizer, verificar se a mera disponibilização de instrumentos, relativamente moldados à tutela dos interesses difusos, é suficiente para uma adequada tutela do meio ambiente pela via jurisdicional.

Com base em tais reflexões, buscar-se-á analisar as possibilidades de potencializar a utilização da jurisdição ambiental a partir da remodelação de institutos processuais pontuais, especificamente a questão probatória.

Deste modo, será abordada a necessidade de se promover um avanço no que concerne ao tema probatório na jurisdição ambiental, passando primeiro pelo apontamento de novas posturas do juiz na instrução processual, para então recair especificamente na temática da prova, enfrentando questões relacionadas às regras de distribuição do ônus de produzi-la, de inversão do ônus probatório, de valoração e de produção das provas.

Buscar-se-á demonstrar que os instrumentos para a tutela dos direitos difusos e coletivos, muito embora superficiais inovações, não dispõem de um regramento específico sobre o tema da prova, aplicando-se para tanto o modelo previsto para a tutela dos direitos individuais.

De outro lado, por não haver regulamentação específica, na prática forense o tratamento dado às demandas ambientais não diferem das de natureza individual, segundo a lógica do Código de Processo Civil, importando em restrição das potencialidades dos instrumentos de tutela dos direitos difusos.

Assim, pretende-se analisar a relevância do tema probatório na dinâmica processual e, a partir dos postulados da responsabilização e da participação popular, investigar de que forma questões específicas relacionadas à prova podem ser manejadas, ao mesmo tempo, para promover a efetiva tutela do meio ambiente e estimular a cidadania ambiental, bem como, em que medida as peculiaridades do bem ambiental e da relevância da participação podem servir para revigorar o tema da prova.

A relevância do estudo retratado nesta obra reside, portanto, em apreciar a utilidade processual da prova, sua importância acentuada na jurisdição ambiental e especialmente averiguar alternativas para um tratamento diferenciado da prova em ações ambientais. Em outros termos, busca-se investigar como promover um enfoque atualizado ao direito probatório, adaptando-o às peculiaridades da tutela dos direitos difusos, acompanhado pelas mesmas justificativas empregadas na reformulação dos instrumentos jurisdicionais tais como a Ação Popular e a Ação Civil Pública.

O livro está subdividido em três capítulos que, de forma sequencial e lógica, busca o aprofundamento do tema probatório na jurisdição ambiental. Tivemos o cuidado de, ao final de cada capítulo, apresentar uma síntese do que fora desenvolvido, visando propiciar ao leitor firmeza de certos conceitos que são então desenvolvidos no capítulo subsequente.

No primeiro capítulo será feito um retrato do momento de crise ambiental, destacando-se as consequências possíveis da tomada de consciência desta problemática, isto é, a manutenção de um modelo ou sua ruptura. Optando-se por um caminho de mudança paradigmática, serão apresentadas as configurações de um Estado de Direito Ambiental, enfatizando dentre seus princípios estruturantes o da responsabilização ou do poluidor-pagador e o da participação.

Com base em tais elementos, serão acentuadas as questões relacionadas ao meio ambiente no nível jurídico-normativo brasileiro, a caracterização do bem ambiental objeto de tutela pela via difusa e as amplitudes das hipóteses de lesão a este bem. Serão destacadas, ainda, as vias de acesso de participação popular nos processos de tomada de decisão envolvendo o meio ambiente, enfatizando a relevância desta intervenção.

No segundo capítulo a análise recai sobre o tema da jurisdição. De início será delineada a evolução do sistema de tutela dos direitos individuais rumo à proteção jurisdicional dos direitos difusos e coletivos, sublinhando-se as implicações para a tutela do meio ambiente. Assim, serão retratadas a Ação Popular e a Ação Civil Pública, entendidas como os mecanismos disponibilizados no ordenamento brasileiro que melhor se ajustam à proteção do meio ambiente.

Buscar-se-á verificar, ainda, algumas limitações estruturais destas ações, para enfatizar que a mais plena tutela do meio ambiente depende de uma maior participação e envolvimento do juiz na dinâmica do processo, especialmente em matéria probatória. Em um segundo momento, será indicada a importância do tema da prova para o processo, para então fazer a caracterização geral do direito probatório, como premissas para a abordagem do último capítulo.

No terceiro e último capítulo serão analisadas questões probatórias específicas, tais como as regras de distribuição e inversão do ônus da prova e de valoração e produção da prova, buscando aferir as potencialidades de manejo destas questões à luz do princípio da responsabilização e do poluidor-pagador, da relevância do bem ambiental, das especificidades e dimensões do seu dano e da necessidade de incentivo à participação popular tanto no acesso à justiça quanto no tratamento de pontuais questões probatórias.

1. Crise ambiental, sua percepção e as possibilidades do Estado

1.1. A posição do Estado diante da percepção e da necessidade de enfrentamento da crise ambiental

> *O dispositivo da descoberta rouba o homem da loucura, do vazio e da imobilidade e joga-o na fantasia do esclarecimento. A mentira não é a artimanha vulgar, mas a cortina que serviu, no ponto de partida, à cobertura do inexorável. Fora da ilusão do acerto, o vôo não teria acontecido.*
> (Juremir Machado da Silva – Cai a Noite Sobre Palomas)

A primeira parte deste capítulo – enquanto fixadora das bases de reflexão para o presente trabalho – busca demonstrar o que se compreende por um quadro mundial de crise ambiental, tratando de suas origens e consequências. Partindo-se deste esboço, em seguida serão apresentadas as feições da sociedade e do Estado que convivem com o quadro de crise, enfatizando os efeitos da consciência desta realidade e, especialmente, as opções e escolhas possíveis a partir de então.

Em outros termos, será apresentado o dilema entre a manutenção de estruturas e padrões – mesmo que se mostrem inadequados – e a criação e implantação de novas posturas e mecanismos, mais aptos a lidarem com os problemas ambientais.

Pretende-se, deste modo, optando-se pela superação dos modelos tradicionais relacionados ao Estado, apresentar alguns delineamentos daquilo que seria uma postura estatal adequada de enfrentamento e adequação à crise ambiental, como pressupostos para a superação ou mitigação dos seus efeitos negativos.

Estas considerações iniciais são imperativas para os escopos deste trabalho, na medida em que servirão como pressupostos para o enquadramento do que se considera uma conformação adequada do processo civil – enquanto instrumento relativo a uma das manifestações do poder estatal – quando relacionado à tutela do meio ambiente e, mais especificamente, da questão da prova, enquanto instituto de enorme relevância na dinâmica processual.

1.1.1. Crise ambiental e sociedade de risco

Principia-se buscando contextualizar o quadro atual de crise ambiental, delineando suas origens e consequências, bem como fazendo um retrato da postura da sociedade diante desta realidade. Focando as origens, caracterizar o modo de vida social de acordo com o ideário pós-Revolução Francesa – individualista e desenvolvimentista – e, especialmente, a indiferença, na definição destas opções, quanto aos impactos no meio ambiente. Ao tratar dos efeitos dessas opções, demonstrar os sinais negativos da exploração desmedida dos recursos naturais e, por conseguinte, o momento de percepção social destes efeitos. Neste ponto será dada particular atenção, no sentido de demonstrar o confronto entre as escolhas sociais e as respostas da natureza ao seu desgaste, destacando o resultado da assimilação e da aceitação destas implicações.

O conflito entre o homem e a natureza existe desde que aquele surgiu na Terra, em decorrência da necessidade de adequação do meio ambiente às suas necessidades, somado ao fato de estas serem ilimitadas, em oposição à finitude dos recursos naturais.[1]

Este antagonismo é vislumbrado por Nalini, na constatação de que, enquanto "os demais seres se adaptam ao ambiente, o homem *transforma* o ambiente. E, nessa transformação, o agride de maneira tal que chega a ameaçar a própria continuidade da existência vivente no planeta".[2]

Tal conflito foi constantemente agravado, especialmente com o advento de novas tecnologias/ferramentas de produção, possibilitando ao homem ir além da mera subsistência e criando-se, assim, novas perspectivas a partir do excedente, a ensejar a busca constante por maiores níveis de produção. Vislumbra-se, portanto, um modelo de apropriação dos recursos naturais e foco exclusivamente utilitarista.

Embora este modelo seja uma constante na história humana, um salto relevante neste quadro decorre do advento do capitalismo, na me-

---

[1] LEITE, José Rubens Morato. *Dano ambiental*: do individual ao coletivo extrapatrimonial. São Paulo: Revista dos Tribunais, 2003, p. 72.

[2] NALINI, José Renato. *Ética geral e profissional*. São Paulo: Revista dos Tribunais, 2008, p. 460.

dida em que este padrão de apropriação foi agravado "com o contexto sociocultural viabilizado pelo paradigma da modernidade, especialmente após a sua associação ao capitalismo, o qual encarregou-se de viabilizar a transformação dos elementos naturais em insumos para o processo produtivo, em mercadorias suscetíveis de transação no mercado e em corpos receptores dos dejetos".[3]

O avanço das ciências naturais propiciou o incremento da criação de tecnologias para maximizar a satisfação destas necessidades, num processo de constante crescimento da exploração dos recursos naturais.[4] Com o advento da técnica, o homem pôde extrair da natureza muito mais do que o essencial à subsistência, rumo à satisfação do seu querer ilimitado, ignorando a finitude dos recursos naturais.

O modelo que subjaz a tal evolução é apontado como paradigma antropocêntrico-utilitarista, caracterizado pela convicção em quatro axiomas, quais sejam: a racionalidade científica, a propriedade privada, o progresso, e o papel do Estado, respaldando e legitimando tal modelo.[5]

Tais circunstâncias culminam no que se denomina crise ambiental: o esgotamento dos recursos naturais, somado à ocorrência de catástrofes decorrentes da ação degradante do homem. A velocidade da exploração é inversamente proporcional à possibilidade de reconstituição dos recursos naturais.

Verifica-se, portanto, que "este divórcio entre a concepção de atividade econômica e ambiente é, pois, uma incontestada crise ambiental. A problemática ambiental questiona os processos econômicos e tecnológicos que estão sujeitos à lógica de mercado, resultando em degradação do ambiente e prejudicando a qualidade de vida".[6]

A segunda metade do século XX é marcada pela constatação das repercussões negativas deste paradigma. Surge o denominado consenso ecológico acerca das agressões promovidas ao meio ambiente.[7] Este consenso decorre de uma expansão da sensibilidade ecológica, diante da ocorrência de catástrofes ambientais, sendo marcantes para a formação desta sensibilidade os eventos danosos relacionados "às indústrias quí-

---

[3] STEIGLEDER, Annelise Monteiro. *Responsabilidade civil ambiental*: as dimensões do dano ambiental no direito brasileiro. Porto Alegre: Livraria do Advogado, 2004, p. 29.

[4] HOBSBAWM, Eric J. *A era dos extremos*: o breve século XX, 1914-1991. Tradução Marcos Santarrita. São Paulo: Companhia das Letras, 1995, p. 504 e ss.

[5] STEIGLEDER, Annelise Monteiro. Op. cit., 2004, p. 28 e ss.

[6] LEITE, José Rubens Morato. *Dano ambiental: do individual ao coletivo extrapatrimonial*. São Paulo: Revista dos Tribunais, 2003, p. 23.

[7] ALPHANDÉRY, Pierre; BITOUN, Pierre; DUPONT, Yves. *O equívoco ecológico: riscos políticos da inconseqüência*. São Paulo: Brasiliense, 1992, p. 15 e ss.

micas (Seveso, Bhopal,[8] poluição do Reno pela Sandoz), às indústrias petrolíferas (marés negras na Bretanha, do Alasca, etc.) e à indústria nuclear (Three Miles Island, Chernobyl)".[9]

Paralelos a estes acontecimentos, ocorreram outros que merecem especial atenção. Trata-se de ameaças ao meio ambiente que se caracterizam por serem desconhecidas: a poluição invisível, que está em toda a parte, e os riscos ocultos da tecnologia.[10] No final da década de 1980, tais ameaças começaram a se concretizar. Alphandéry, Bitoun e Dupont ilustram a concretização das ameaças com o fenômeno das "chuvas ácidas", a emissão de CFC e o consequente "buraco na camada de ozônio" e a emissão de gases que implicaram o denominado "efeito estufa"[11] e, em decorrência, o aquecimento global, que hoje está no centro das preocupações mundiais.[12]

O ano de 1989 é especialmente marcado pelo acidente nuclear de Chernobyl, momento em que a ocorrência de um evento contra o meio ambiente tomou, pela primeira vez, dimensões que extrapolaram o âmbito local. Num período de tomada de consciência da crise ambiental, Chernobyl foi o evento principal, a demonstrar "que o destino de todos os países de um continente estava ligado, e que os governos, tanto quanto os especialistas, estavam amplamente impotentes para encarar as ameaças e não hesitavam, se necessário, em dissimular sua realidade".[13]

O marco representado pelo incidente nuclear de Chernobyl tem especial relevância para o presente trabalho. O sociólogo alemão Ulrich Beck destaca Chernobyl como um momento emblemático, em que rompemos com a sociedade meramente industrial e adentramos numa fase que o autor denomina sociedade de risco.

Beck desenvolve sua teoria sobre a sociedade de risco visando a retratar uma etapa do desenvolvimento da sociedade moderna em que as ameaças – sejam elas sociais, políticas, econômicas ou individuais – ten-

---

[8] "Em fins de 1984, na cidade indiana de Bophal, a fábrica de pesticidas da empresa química Union Carbide sofreu uma perda de quarenta toneladas de gás mortífero. O gás se espalhou pelos subúrbios, matou seis mil e seiscentas pessoas e prejudicou a saúde de outras setenta mil, muitas das quais morreram pouco depois ou adoeceram para sempre. A empresa Union Carbide não aplicava na Índia nenhuma das normas de segurança que são obrigatórias nos Estados Unidos". GALEANO, Eduardo. *De pernas pro ar: a escola do mundo ao avesso*. Porto Alegre: L&PM, 2007, p. 226.

[9] ALPHANDÉRY, Pierre; BITOUN, Pierre; DUPONT, Yves. *O equívoco ecológico: riscos políticos da inconseqüência*. São Paulo: Brasiliense, 1992, p. 17.

[10] Idem, p. 16.

[11] Idem, ibidem.

[12] Apenas para ilustrar, GORE, Albert. *Uma verdade inconveniente : o que devemos saber (e fazer) sobre o aquecimento global*. Trad. Isa Mara Lando. Barueri: Manole, 2006. Ainda, Protocolo de Quioto à Convenção-Quadro das Nações Unidas sobre Mudança do Clima.

[13] ALPHANDÉRY, Pierre; BITOUN, Pierre; DUPONT, Yves. Op. cir., p. 17.

dem cada vez mais a escapar dos mecanismos de controle, seja do Estado ou da sociedade.[14]

A teoria desenvolvida pelo referido autor enfrenta o momento de percepção da ocorrência de uma virada. Não a virada de um modelo, mas de percepção das implicações deste modelo. A percepção do descontrole. A sociedade de risco representa um momento da sociedade industrial em que, pela ocorrência de eventos significativamente maléficos, deparamo-nos com a constatação dos resultados negativos e da insustentabilidade no modo de produção e no modo de vida estabelecido.

Para melhor ilustrar, vale distinguir dois momentos, o que Beck denomina de modernidade simples e modernidade reflexiva. A modernidade simples ou primeira modernidade – que coincide com a primeira etapa da sociedade industrial – caracteriza-se como o período em que as auto-ameaças são sistematicamente produzidas e aceitas pelo homem, já que estão conforme aos padrões da sociedade industrial.[15] Soma-se à crença na sustentabilidade de tal modelo – pois, de fato, nenhum acontecimento, até então, levava a pensar o contrário.

A modernidade reflexiva, por outro lado, é o momento do embate: a autoconfrontação do modelo. Trata-se do momento em que começam a se concretizar – agora são percebidas, sentidas, visíveis – aquelas ameaças construídas pela sociedade industrial.[16]

Esta transição para a modernidade reflexiva não é uma escolha e nem foi programada, mas "ela surge na continuidade dos processos de modernização autônoma, que são cegos e surdos a seus próprios efeitos e ameaças".[17]

A percepção da autoconfrontação é que caracteriza o risco. A sociedade de risco é aquela que se segue à sociedade industrial, sem, no entanto, implicar no advento de outro modelo de sociedade. O que ocorre é a evolução daquele modelo industrial, acrescida de um novo elemento, isto é, o que se percebe agora é a convivência diuturna com as ameaças que decorrem da própria ação humana.

Ao adjetivar a sociedade atual como de risco, Beck propõe-se, portanto, a diferenciá-la do momento anterior, de modo que, conceitualmente, é empregado o termo risco. Evidentemente que o elemento risco, em sentido amplo, como equivalente à ameaça ou perigo, é algo presente desde a sociedade industrial ou muito antes. Não obstante, o conceito

---

[14] BECK, Ulrich. *A reinvenção da política*: rumo a uma teoria da modernidade reflexiva. In BECK, Ulrich; GIDDENS, Anthony; LASH, Scott. *Modernização reflexiva*: política, tradição e estética na ordem social moderna. Trad. Magda Lopes. São Paulo: Universidade Estadual Paulista, 1997, p. 15.

[15] Idem, p. 15.
[16] Idem, p. 17.
[17] Idem, p. 16.

proposto é novidade,[18] de modo que se faz pertinente destacar a opção pelo emprego de tal termo para caracterizar a sociedade atual.

Para fins de compreensão da proposição do autor alemão, importa frisar que risco e perigo devem ser compreendidos como espécies do gênero ameaça, compreendendo-se esta como a probabilidade de ocorrência de um evento danoso.

De fato, o homem sempre conviveu com ameaças, contudo, tradicionalmente, estas estavam atreladas a eventos externos, especialmente os naturais, que o homem (acreditava) não participar ou não colaborar, o que, para fins conceituais, caracteriza-se como perigo.

No momento em que o homem passa a perceber e vincular as ameaças ao seu modo de vida ou a seus atos, é que surge, para os fins da teoria ora apresentada, o conceito de risco.

O elemento risco, deste modo, deixa de ser compreendido como uma ameaça externa, para ser encarado como fruto da própria fase evolutiva. Nossa sociedade, que ainda segue a matriz industrial e desenvolvimentista, passa a conviver com as consequências desde modelo. O sucesso do modelo pode implicar o seu colapso ou, em outros termos, "ocidente é confrontado por questões que desafiam as premissas fundamentais do seu próprio sistema social e político".[19]

O que caracteriza o risco é, portanto, o fato de que as origens destas ameaças têm uma dimensão reconhecidamente humana, porque decorrem de escolhas.[20] A sociedade atual é qualificada como sociedade de risco em razão de que tem consciência das ameaças e aceita conviver com elas.

Tais particularidades para caracterização do risco são sublinhadas a partir do destaque de cinco elementos inerentes ao risco da modernidade, a saber: (i) sua complexidade; (ii) sua dimensão/abrangência; (iii) seu potencial de levar o modelo produtivo a outro patamar; (iv) ser onipresente; e (v) os efeitos da tomada de consciência. Passa-se a analisar cada um destes elementos.

(i) Primeiramente, que os danos que hoje se consumam, e que há possibilidade de seguirem ocorrendo, são sistemáticos e, no mais das vezes, irreversíveis. Podem permanecer invisíveis e só serão constatáveis posteriormente, quando o dano já houver ocorrido, o que dependerá da interpretação das causas – diferentemente das ameaças da sociedade me-

---

[18] FERREIRA, Heline Sivini. *Política ambiental constitucional*. In CANOTILHO, José Joaquim Gomes; LEITE, José Rubens Morato (organizadores). *Direito constitucional ambiental brasileiro*. São Paulo: Saraiva, 2007, p. 248.

[19] BECK, Ulrich. *A reinvenção da política*: rumo a uma teoria da modernidade reflexiva. In BECK, Ulrich; GIDDENS, Anthony; LASH, Scott. *Modernização reflexiva*: política, tradição e estética na ordem social moderna. Trad. Magda Lopes. São Paulo: Universidade Estadual Paulista, 1997, p. 11.

[20] FERREIRA, Heline Sivini. Política ambiental constitucional. Op. cit., p. 248.

ramente industrial, em que os danos eram mais facilmente perceptíveis. A complexidade da técnica gera a dos riscos.[21]

Estas especificidades, ademais, tendem a passar despercebidas, em razão da centralidade da discussão sobre o meio ambiente, nas ciências naturais e, de forma fragmentada, com o desprezo pelas correlações das ameaças ao gênero humano e, portanto, à sociedade. Ocorre que operar uma lógica inversa àquela da sociedade industrial – quando a centralidade era total no ser humano – percorrendo um caminho totalmente diverso, leva a uma discussão do meio ambiente, desprezando-se o humano. Tal perspectiva se mostra equivocada, na medida em que ignora a questão do significado social e cultural do tema.[22]

Beck observa que o "surpreendente nisso é o seguinte: os danos ao meio ambiente e a destruição da natureza causada pela indústria, com seus diversos efeitos sobre a saúde e à convivência dos seres humanos, se caracterizam pela perda do pensamento social".[23]

Deste modo, não se considera que as substâncias nocivas poderão ter implicações diferentes em pessoas em condições diferentes, tais como sexo, idade, hábitos alimentares, tipo de trabalho, ou mesmo informação e educação, sendo que estes dois últimos elementos importarão para a compreensão do risco. Da mesma forma, despreza-se o fato de que as investigações que partem somente das substâncias individualmente, nunca poderão averiguar a concentração de substâncias nocivas no ser humano. Tais elementos são relevantes à diferenciação dos riscos que caracterizam a sociedade atual, na medida em que as ameaças, ao serem desprezadas, se somam perigosamente, o que dá novos contornos aos riscos.[24]

Este distanciamento finda por ocultar o conteúdo e as consequências sociais, políticas e culturais dos riscos da modernização.

(ii) O segundo elemento diferenciador entre os riscos atuais e os perigos da modernidade simples refere-se ao fato de os riscos proporcionados pelo avanço da técnica e da produção não mais ameaçarem exclusivamente classes e grupos em situação de desigualdade ou fragilidade, para ameaçarem também aqueles que foram favorecidos pelo avanço da técnica e da produção. Para Beck, tais riscos contêm um efeito bumerangue, que ignora o sistema de classes, de modo que também os grupos que

---

[21] BECK, Ulrich. *La sociedad del riesgo: hacia una nueva modernidad*. Barcelona: Paidós, 1998, p. 28.

[22] BECK, Ulrich. Op. cit., p. 30. Nas palavras de Beck: "Em consecuencia, existe el peligro de que una discusión sobre el medio ambiente que tenga lugar mediante categorías químico-biológico-técnicas tome em conseración al ser humano involuntantariamente solo como aparato orgânico".

[23] Idem, p. 31.

[24] Idem, p. 32.

vivem em situação de vantagem e conforto deixam de estar em condição de segurança.[25]

Neste sentido, válido o destaque de Trennepohl, quando enfatiza que "o conceito de sociedade de risco se interliga com o de globalização, na medida em que "os riscos são democráticos" e podem atingir diferentes nações sem respeitar qualquer fronteira, seja ela social ou geográfica.[26]

Significa que a sociedade de risco, ironicamente, se vincula à globalização, porquanto ocorre uma democratização dos riscos.

Beck faz dois destaques sobre esta ampliação: primeiro quando lembra que não se trata exclusivamente de riscos à saúde, mas também à propriedade privada e à ganância, porquanto o reconhecimento deles pela sociedade implica desvalorizações e expropriações ecológicas que caracterizam um paradoxo com aqueles interesses que dão impulso ao processo produtivo; a segunda ampliação é transfronteiriça, porquanto os riscos e seus efeitos não respeitam as demarcações dos Estados nacionais.[27]

(iii) O terceiro elemento diferenciador está no fato de que a constatação dos riscos não abala o modo de produção capitalista. Pelo contrário, esta constatação apenas o transfere para outro nível: o risco se torna o limite. A sanha da economia deixa de ser a produção e distribuição da riqueza, porquanto ela se torna autoreferencial, desvinculada da satisfação das necessidades humanas.[28]

(iv) O risco, por outro lado, passa a ser uma constante civilizatória, algo intrínseco ao modo de vida, onipresente, de modo que não pode ser ignorado, o que caracteriza o quarto elemento diferenciador em relação à sociedade meramente industrial. A consciência dos riscos deve guiar a ação humana, donde decorre a importância de difusão do saber sobre os mesmos, permitindo desenrolar e analisar o potencial político da sociedade de risco.[29]

(v) O início da tomada de consciência dos riscos pela sociedade tem um efeito político relevante. Surge o debate e a reflexão sobre as causas do processo de industrialização, momento em que a opinião pública e a política passam a se inteirar e influenciar o meio empresarial, no modo de produção e no desenvolvimento tecnológico e científico. E não apenas

---

[25] BECK, Ulrich. *La sociedad del riesgo: hacia una nueva modernidad*. Barcelona: Paidós, 1998, p. 29. No dizer do autor: "Ciertamente, en algunas dimensiones éstas siguen a la desigualdad de las situaciones de clases y de capas, pero hacen valer una lógica de raparto esencialmente diferente: los riesgos de la modernización afectan más tarde o más temprano también a quienes los producen o se beneficia de ellos".

[26] TRENNEPOHL, Natascha. *Seguro ambiental*. Salvador: JusPodivm, 2008, p. 28

[27] BECK, Ulrich. *La sociedad del riesgo*: hacia una nueva modernidad. Barcelona: Paidós, 1998, p. 29.

[28] Idem, ibidem.

[29] Idem, ibidem.

pela preocupação com a saúde humana ou com o meio ambiente, mas também em relação aos efeitos secundários sociais, econômicos e políticos.[30]

O quadro exposto estaria a sugerir uma guinada nos rumos da humanidade, numa perspectiva de enfrentamento da problemática; contudo, o que se verifica é o verdadeiro desprezo e obscurecimento dos riscos constatados.

Embora seja perceptível o aumento dos problemas relacionados ao meio ambiente, não se constata a ocorrência de uma contrapartida, na forma de promoção de mecanismos jurídicos capazes de resolvê-los. Em suma: sabe-se dos riscos, mas não se busca meios eficientes de geri-los.

A este descompasso entre o surgimento e a constatação dos problemas, bem como a inércia, especialmente do Estado, se designa *irresponsabilidade organizada*, isto é, "nota-se, portanto, a evolução e o agravamento dos problemas, seguidos de uma evolução da sociedade (da sociedade industrial para a sociedade de risco), sem, contudo, uma adequação dos mecanismos jurídicos de solução dos problemas dessa nova sociedade. Há consciência da existência dos riscos, desacompanhada, contudo, de políticas de gestão, fenômeno denominado *irresponsabilidade organizada*".[31]

Este descompasso entre as políticas de gestão e a consciência sobre os riscos relacionados à crise ambiental representa, em verdade, a opção por um dos caminhos apresentados, anteriormente, como o dilema da sociedade e do Estado. Significa, portanto, a opção pela aceitação e manutenção do modelo, muito embora a evidência de ser insustentável, o que caracteriza a irresponsabilidade organizada.

Pelo presente tópico buscou-se, portanto, demonstrar os elementos caracterizadores da crise ambiental e a ameaça que representa à vida humana. Destacou-se, ainda, o fato de que a sociedade e o Estado têm conhecimento desta realidade e, não obstante, via de regra, mesmo sabedores das origens desta crise e dos seus resultados nefastos, opta-se pela aceitação e manutenção do modelo, o que se denomina irresponsabilidade organizada.

Para os fins deste trabalho, no entanto, a escolha ruma ao segundo caminho, de modo que se buscam perquirir as linhas do que pode vir a ser uma nova dimensão para o Estado, capaz de promover um enfrentamento à referida crise, de modo adequado e responsável.

---

[30] BECK, Ulrich. *La sociedad del riesgo*: hacia una nueva modernidad. Barcelona: Paidós, 1998, p. 29-30.
[31] LEITE, José Rubens Morato. *Sociedade de risco e Estado*. In CANOTILHO, José Joaquim Gomes; LEITE, José Rubens Morato (organizadores). *Direito constitucional ambiental brasileiro*. São Paulo: Saraiva, 2007, p. 132.

1.1.2. Perspectivas do Estado no contexto da sociedade de risco

A contextualização apresentada sugere a necessidade de novas posturas, com a criação e aplicação de novas soluções, na medida em que, ignorar tal problemática, redundaria na aceitação de uma possível autodestruição, algo totalmente inadmissível. Pelo contrário, há que se instituir mecanismos para a superação da crise ambiental e promoção da qualidade de vida, de forma digna.

O Estado tem o compromisso de assumir a construção destas novas soluções, contudo, evidentemente que problemas novos não podem ser enfrentados com uma atuação estatal que, se antes era adequada, não está ajustada aos problemas da sociedade atual. Hoje, como dito, o diferencial é o conhecimento dos problemas relacionados ao meio ambiente. Se há consciência, há que existir enfrentamento.

Desta forma, no tópico que se inicia serão apresentados delineamentos para uma postura estatal de enfrentamento à crise ambiental.

Importa tratar desta nova conformação na medida em que surtirá efeitos em todas as expressões e manifestações do poder estatal, inclusive na jurisdição e, por conseguinte, no processo e nos seus institutos, a fim de moldá-los à mais adequada satisfação da tutela do meio ambiente.

A literatura de direito constitucional classifica os direitos fundamentais em dimensões. Refere que, conforme o andar do constitucionalismo, novos direitos foram sendo assimilados à categoria de direitos fundamentais.[32]

Por outro lado, esta ascensão de um conjunto de direitos ao patamar de fundamentais está associada aos reclamos sociais do momento histórico, de modo que o que há, sempre, é a assimilação, pelo Estado, das premências sociais.[33] Ao assimilar estes novos direitos, o Estado assume contornos próprios, donde se falar em Estado Liberal e/ou Estado Social.

Nesta perspectiva, tem-se o florescer dos estados modernos, inicialmente o Estado Liberal, relacionado aos direitos de primeira dimensão, referentes aos direitos civis e políticos, atrelados à ideia de liberdades. O momento que marca o início deste modelo está relacionado à Revolução Francesa e à elevação da burguesia em relação ao Estado absolutista, rompendo-se com o Antigo Regime.[34] Trata-se de um momento de ruptu-

---

[32] MORAES, Alexandre de. *Direito Constitucional*. São Paulo: Atlas, 2003, p. 58 e ss.

[33] Ainda que nem sempre estas contingências tivessem origem na totalidade do conjunto social, como é o caso restrito da burguesia para a Revolução Francesa.

[34] BIERNFELD, Carlos André Souza. *A emergência de uma dimensão ecológica para a cidadania: alguns subsídios aos operadores jurídicos*. Florianópolis, 1997. Dissertação (Mestrado em Direito) – Universidade Federal de Santa Catarina, p. 8.

ra com o arbítrio estatal, de modo a limitar seu poder. O anseio de então era evitar intervenções excessivas na esfera privada, devendo o Estado primar por valores tais como o direito de ir e vir, a propriedade privada e o estrito dever de cumprimento contratual e, na esfera política, a possibilidade de participação nos espaços de poder.[35]

Tal modelo caracteriza-se pelo liberalismo e o individualismo, valores indiscutivelmente arraigados na sociedade até os dias atuais, o que evidencia a pertinência de se falar em direitos de primeira dimensão, ao invés de geração. De fato, um patamar de conquistas jamais é superado por outro. Novas contingências implicam o reconhecimento de direitos que passam a ser incorporados aos anteriores, sem suprimi-los.

Sob outro enfoque, o que importa destacar, neste ponto, é a direta vinculação existente entre os anseios da sociedade e o reconhecimento dos novos direitos pelo Estado. Esse destaque se confirma quando se considera a ascensão do Estado Social, dito prestacionista.

O período que lhe é próprio coincide com o final do ciclo de duas grandes guerras mundiais e a consequente crise econômica e social, representada especialmente pelo desemprego em massa,[36] de modo que os Estados, destacadamente os europeus e os Estados Unidos da América, passam a adotar modelos de seguridade social.[37]

Neste sentido, em um "mundo dividido no pós-guerra, em razão das atrocidades presenciadas, foi possível estabelecer uma unidade conceitual com um conjunto indissociável e interdependente de direitos que objetivam garantir o bem-estar humano".[38]

Aparecem, portanto, os direitos sociais, de segunda dimensão, caracterizados por uma postura do Estado no sentido de garantir e promover certos bens e serviços básicos, dentre eles, a moradia, a educação, a assistência médica e os direitos trabalhistas.[39]

Antes de prosseguir na análise rumo a uma terceira dimensão de direitos, fazem-se necessários alguns destaques. Primeiro, que esta evolução, no sentido de assimilação de novos direitos básicos, não ocorreu na forma linear, como geralmente é apresentada. Há uma certa sequência de

---

[35] BIERNFELD, Carlos André Souza. *A emergência de uma dimensão ecológica para a cidadania: alguns subsídios aos operadores jurídicos*. Florianópolis, 1997. Dissertação (Mestrado em Direito) – Universidade Federal de Santa Catarina, p. 11.

[36] HOBSBAWM, Eric J., *A era dos extremos: o breve século XX, 1914-1991*. Tradução Marcos Santarrita. São Paulo: Companhia das Letras, 1995, p. 90 e ss.

[37] Idem, p. 100.

[38] ALONSO Jr., Hamilton. *Direito fundamental ao meio ambiente e ações coletivas*. São Paulo: Revista dos Tribunais, 2006, p. 20.

[39] BIERNFELD, Carlos André Souza. Op. cit., p. 21.

acontecimentos em alguns países, mas, no geral, não operaram de modo uniforme e, no mais, há Estados que sequer os assimilaram.

Vale fazer referência à observação posta por Coelho, em crítica à obra de Marshall.[40] Destaca a referida autora que a evolução das concepções de cidadania, fundada em uma evolução dos direitos civis, políticos e sociais, foi válida à realidade europeia, mas não se ajusta de forma imediata em casos nacionais específicos, como o brasileiro, em que o avanço do desenvolvimento social, político e econômico ocorreu de forma bastante fraca.[41]

Birnfeld aprofunda esta crítica quando destaca que, quanto aos direitos civis, o déficit evidencia-se na reserva mínima de direitos às mulheres em países fundamentalistas, bem como às limitações de acesso à propriedade. Já no que toca aos direitos sociais, é contundente, quando assevera que a grande maioria dos Estados contemporâneos não a conhece de fato, porquanto o Estado não é capaz de promover a sobrevivência com dignidade à totalidade da sociedade e, especialmente, no caso do Brasil, "as garantias legais do *welfare state* jamais saíram do papel".[42]

Em que pesem as carências na implementação dos direitos de primeira e segunda dimensão, a complexidade atual no que toca à crise ambiental, conforme demonstrado anteriormente, reclamam novas atribuições ao Estado.

Pelas mesmas razões anteriormente referidas, onde as premências sociais moldaram novas posturas do Estado, emerge uma faceta deste voltada a atender a problemática ambiental, capaz de lidar com as peculiaridades da sociedade de risco. Neste sentido, então, se fala em Estado de Direito Ambiental.

Esta nova postura do Estado carrega postulados que servem como transição da denominada irresponsabilidade organizada para um novo cenário: Estado e sociedade precisam assumir uma postura ativa no sentido de enfrentar as situações de risco, compreendendo a complexidade da crise ambiental e criando mecanismos jurídicos e institucionais hábeis a

---

[40] MARSHALL, T. H. *Cidadania, classe social e status*. Trad. De Meton Porto Gadelha. Rio de Janeiro: Zahar, 1967. Reputa-se a esta obra o resgate do conceito de cidadania. Aproxima-se das proposições sobre as dimensões de direitos na medida que distingue concepções de cidadania em momentos distintos: cidadania civil, cidadania política e cidadania social.

[41] COELHO, Ligia Martha C. *Sobre o conceito de cidadania: uma crítica a Marshall, uma atitude antropofágica*. In COELHO, Ligia Martha C. et al. *Cidadania/Emancipação*. Rio de Janeiro: Tempo Brasileiro, 1990, p. 22.

[42] BIERNFELD, Carlos André Souza. *A emergência de uma dimensão ecológica para a cidadania: alguns subsídios aos operadores jurídicos*. Florianópolis, 1997. Dissertação (Mestrado em Direito) – Universidade Federal de Santa Catarina, p. 26.

proporcionar um mínimo de segurança, em patamar garantidor, segundo a perspectiva ambiental, da qualidade de vida.[43]

Neste sentido aparecem, dentre tantos outros instrumentos, os jurisdicionais, para a tutela do meio ambiente, tais como a Ação Popular e a Ação Civil Pública. Porém, não basta a criação de instrumentos; é necessário adequá-los para promover sua melhor aplicação, de acordo com as finalidade ora apresentadas. Deste modo, cada um dos institutos do processo civil merece ser ajustado a esta realidade, inclusive a questão tocante ao direito probatório.

Indiscutivelmente, as tarefas de um Estado de Direito Ambiental se mostram enormemente dificultosas, na medida em que se propõem a romper com um modelo estabelecido e arraigado na sociedade moderna. Isto não exclui – antes, reforça – a pertinência de se discutir esta temática.

Segundo Leite, a reflexão sobre as possibilidades de um Estado de Direito Ambiental tem relevância por atender a cinco importantes funções, a saber: (i) moldar formas adequadas à gestão do risco, de modo a superar a irresponsabilidade organizada; (ii) juridicizar instrumentos preventivos e precaucionais, visando romper com a perspectiva tradicional do direito de atuar voltado para o passado, para o dano já concretizado; (iii) trazer a noção de direito integrado, capaz de dialogar com outros conhecimentos; (iv) formar consciência ambiental, de modo a trazer à tona o quadro de crise ambiental, fomentando sua reflexão; e (v) propiciar a compreensão do objeto de estudo, no sentido de delimitar um norte de ação, sempre considerando a complexidade das questões ambientais.[44]

Trata-se, por conseguinte, do reconhecimento, em nível constitucional, da importância do meio ambiente para a qualidade da vida humana e, a partir de então, o desenvolvimento e aprimoramento de mecanismos para a sua tutela.

Por outro lado, é assente ao moderno constitucionalismo a posição de supremacia da Constituição dentro do sistema jurídico, como fundadora de um Estado Democrático de Direito e que vincula aos seus axiomas tanto o Poder Público, em todas as suas esferas,[45] quanto os particulares.[46]

---

[43] LEITE, José Rubens Morato. *Sociedade de risco e Estado*. In CANOTILHO, José Joaquim Gomes; LEITE, José Rubens Morato (organizadores). *Direito constitucional ambiental brasileiro*. São Paulo: Saraiva, 2007, p. 152-153.

[44] Idem, p. 152.

[45] SILVA, José Afonso. *Curso de Direito Constitucional Positivo*. São Paulo: Malheiros, 1999, p. 126.

[46] BARROSO, Luís Roberto (org.). *A Nova Interpretação Constitucional*: ponderação, direitos fundamentais e relações privadas. Rio de Janeiro: Renovar, 2003, p. 245 e ss.

Esta posição de prevalência da Constituição força que todo o sistema jurídico e político gravite sobre seus valores, devendo atender e adequar-se especialmente aos seus princípios.[47]

Nesta perspectiva, cumpre destacar quais são os princípios norteadores do Estado de Direito Ambiental.

Segundo Leite, o Estado de Direito Ambiental parte de três princípios fundamentais para a sua construção, quais sejam: princípio da atuação preventiva e precaução; princípio do poluidor-pagador e responsabilização; e princípio da participação.

O princípio da atuação preventiva e precaução propõem uma abordagem antecipada, porquanto valorizam evitar ou mitigar a ocorrência do dano ambiental, de modo que a atenção esteja voltada não para a verificação do dano, mas do risco dele ocorrer. Assim, as ações relacionadas ao meio ambiente devem estar atentas à origem de uma situação danosa, visando evitá-la, ao invés de apenas combater os efeitos do dano.

Estes princípios recomendam que o prejuízo ambiental seja, ao máximo, evitado, como medida ecologicamente mais eficaz do que a posterior – e quase sempre limitada – reparação, isto é, há uma "alteração do *modus operandi* que determinou a degradação, pelo que atuam diretamente na fase anterior à produção do dano, e conduzem para a responsabilização *ex ante*".[48]

Não obstante, há entre os princípios da atuação preventiva e da precaução uma sutil diferença, qual seja, a possibilidade de verificação do potencial de concretização do risco de dano ambiental. Assim, quando houver maior potencial de concretização do risco, isto é, houver real possibilidade de dano, em razão do conhecimento pré-existente, será caso de aplicação do princípio da prevenção, uma vez que este "supõe riscos conhecidos, seja porque previamente identificados no Estudo de Impacto Ambiental, seja porque os danos já ocorreram anteriormente".[49] De forma diversa ocorre com o princípio da precaução, cuja atuação se dá em casos em que o potencial de concretização do risco é menor, quer dizer, inexiste, em princípio, a real possibilidade de dano, pois este, embora desconhecido, é de provável ocorrência.[50]

Desta forma, tem-se que estes princípios visam a priorizar as medidas "que evitem o nascimento de atentados ao ambiente, de modo a redu-

---

[47] Neste sentido, BARROSO, Luís Roberto (org.), A Nova Interpretação Constitucional: ponderação, direitos fundamentais e relações privadas. Rio de Janeiro: Renovar, 2003, p. 44 e p. 360, e SILVA, José Afonso. *Curso de Direito Constitucional Positivo*. São Paulo: Malheiros, 1999, p. 47.

[48] STEIGLEDER, Annelise Monteiro. *Responsabilidade civil ambiental: as dimensões do dano ambiental no Direito Brasileiro*. Porto Alegre: Livraria do Advogado, 2004, p. 187-188.

[49] Idem, p. 189.

[50] Idem, p. 188.

zir ou eliminar as causas de ações suscetíveis de alterar sua qualidade",[51] sempre que for provável que certa ação humana possa ter como resultado a degradação do meio ambiente, não obstante inexistam elementos concretos a afirmarem a ocorrência deste dano.

Neste sentido, Azevedo assevera que "o mundo da precaução é o mundo onde há interrogação, onde os saberes são colocados em questão". Assim, há uma dupla fonte de incerteza, seja quanto ao perigo propriamente considerado, seja quanto à inexistência de conhecimento científico sobre o perigo; de modo que a precaução busca gerir a espera pela informação.[52]

Por conseguinte, as proposições decorrentes dos princípios da atuação preventiva e da precaução visam, ao mesmo tempo, a não transferir prejuízos e a garantir condições de satisfação das necessidades das futuras gerações, atendendo ao princípio da solidariedade transgeracional.[53]

O segundo princípio estruturante do Estado de Direito Ambiental, como dito, é o do poluidor-pagador e responsabilização.

O princípio da responsabilização aparece como uma das facetas do princípio do poluidor-pagador, vindo a incrementar a noção tradicional da responsabilidade civil. Segundo Leite, desenha-se como um sistema compatível de responsabilidade que possibilita a aplicação de "toda espécie de sanção àquele que ameace ou lese o meio ambiente". De fato, quando não atendidos os princípios da prevenção e da precaução, é vital que o responsável pelo dano seja compelido a executar seus deveres ou responder por suas ações.

O estabelecimento de um modelo adequado de responsabilidade é pressuposto indispensável do Estado de Direito, havendo necessidade de o Estado viabilizar um sistema que promova segurança à coletividade.[54]

Neste sentido, inclusive, é de se realçar que a responsabilidade civil por danos causados ao meio ambiente, no ordenamento brasileiro, é objetiva, dispensando-se a existência de culpa, nos moldes do artigo 14, §1º da Lei da Política Nacional do Meio Ambiente.[55]

---

[51] MILARÉ, Edis. *Direito do ambiente: doutrina, jurisprudência e glosário*. São Paulo: Revista dos Tribunais, 2005, p. 166.

[52] AZEVEDO, Plauto Faraco de. *Ecocivilização: ambiente e direito no limiar da vida*. São Paulo: Revista dos Tribunais, 2005, p. 119-120.

[53] FREITAS, Vladimir Passos de. *A Constituição Federal e a efetividade das normas ambientais*. São Paulo: Revista dos Tribunais, 2005, p. 238-239.

[54] LEITE, José Rubens Morato. *Sociedade de risco e Estado*. In CANOTILHO, José Joaquim Gomes; LEITE, José Rubens Morato (organizadores). *Direito constitucional ambiental brasileiro*. São Paulo: Saraiva, 2007, p. 180.

[55] BRASIL. Lei 6938, de 31 de agosto de 1981 (Lei da Política Nacional do Meio Ambiente).

De outro lado, esta conformação da responsabilidade civil por danos causados ao meio ambiente apresenta dupla função, uma repressiva e uma preventiva. Sobre a função repressiva, leciona Carvalho que "a responsabilidade civil objetiva representa de forma imediata a função repressiva "quem contamina, deve pagar" pelos danos, atribuindo os custos da contaminação àquele que, em qualquer momento de sua produção, transporte, uso ou disposição final, tenha repercutido em dano ambiental. A partir dessa constatação, a responsabilidade civil passa a ter não apenas um sentido jurídico (reparação de danos), mas um sentido econômico (ajuste de atividades), em uma demonstração de seu potencial policontextual (integração intersistêmica entre direito e economia)".[56]

A função repressiva vincula-se, portanto, às finalidades tradicionais da responsabilidade civil.

A função preventiva, a seu modo, sugere a imposição, conforme aos princípios da precaução e da prevenção, da noção de internalização dos custos ambientais negativos do processo produtivo, rompendo-se com o irresponsável modelo de externalização destes custos.

Sobre a função preventiva, discorre Carvalho que "a responsabilidade civil passa a demonstrar sua importância para evitar danos ambientais, a partir de uma postura pedagógica decorrente das responsabilizações civis dos poluidores (preventiva indireta), mas, sobretudo, a partir da sua incidência para situações de risco, antes mesmo da ocorrência de danos ambientais (preventiva direta). A partir da avaliação probabilística das conseqüências futuras dos danos ambientais e de danos potenciais, a responsabilização civil passa a exercer uma função prática de construção do futuro e regulação social, através da imposição de medidas preventivas (obrigação de fazer ou não fazer)".[57]

A função preventiva trata, portanto, da adequada gestão das situações e atividades de risco, buscando justamente projetar eventuais consequências danosas e, por conseguinte, evitá-las ou mitigá-las.

Por outro enfoque, é de se realçar que, como pressuposto à satisfatória responsabilização do agende degradador, necessária a existência de um sistema jurisdicional adequado a impor tal obrigação nas hipóteses de o agente não honrar espontaneamente seu dever de reparar o dano causado ao meio ambiente. Sobressai, portanto, que a estrutura do processo civil esteja ajustada às peculiaridades do bem ambiental, à complexidade do seu dano e estruturado de modo a promover a efetiva responsabilização do agente causador de um dano ambiental, o que

---

[56] CARVALHO, Délton Winter de. *Dano ambiental futuro: a responsabilização civil pelo risco ambiental.* Rio de Janeiro: Forense Universitária, 2008, p. 76.

[57] Idem, p. 78.

passa inclusive por um adequado sistema relacionado a toda questão envolvendo a prova.

Por fim, na estruturação do Estado de Direito Ambiental, tem-se o princípio da participação ou da cidadania, que deriva da compreensão atual sobre o redimensionamento da democracia.

A ideia de cidadania está tradicionalmente atrelada à noção de direitos políticos, de modo que, para participar do modelo democrático, necessário ser cidadão e, a partir de então, votar e ser votado ou, mais especificamente, representar e ser representado.

Numa superação desta perspectiva restritiva, Andrade[58] aponta quatro deslocamentos para uma nova compreensão da ideia de cidadania.

Primeiramente sugere dinamizar o conceito, com vistas a contextualizá-lo ao momento histórico-social em curso, pois, "apreendida a partir de sua materialidade social, a cidadania não pode ser concebida como categoria monolítica, de significado cristalizado, cujo conteúdo tenha de ser preenchido de uma vez e para sempre (tal como no liberalismo), pois se trata de uma dimensão em movimento que assume, historicamente, diferentes formas de expressão e conteúdo, e cujo processo tem se desenvolvido nas sociedades centrais e periféricas com amplas repercussões sociais e políticas".[59]

A segunda sugestão implica em atribuir à noção de cidadania uma dimensão ampliada, para além dos direitos políticos, próprios da democracia representativa, para uma dimensão que inclua o "conjunto dos direitos (e deveres) humanos; da cidadania centrada na participação como sua alavanca mobilizadora, o que envolve uma conscientização popular a respeito de sua importância".[60]

Trata-se, em outros termos, de aumentar os espaços de exercício da cidadania, o que, no que toca ao tema ambiental, ganha expressão em diversos campos, especialmente na participação da sociedade por meio dos instrumentos jurisdicionais para a tutela do meio ambiente.

O terceiro momento para a reformulação recomenda a construção de uma cidadania coletiva: "trata-se de ampliar o conceito para incluir aí não mais apenas os direitos construídos na esteira da afirmação da igualdade jurídica, como também a integração criativa das diferenças, pois a base da cidadania assentada no contrato social entre supostos iguais não se sustenta mais. Resgatar a autonomia e a pluralidade da distribuição dos

---

[58] ANDRADE, Vera Regina Pereira de. *Sistema penal máximo x cidadania mínima*: códigos da violência na era da globalização. Porto Alegre: Livraria do Advogado, 2003, p. 70 e ss.

[59] Idem, p. 75-76.

[60] Idem, p. 76.

direitos e deveres é uma necessidade imposta pela modernidade contemporânea".[61]

O último deslocamento, resultado dos apontamentos anteriores, refere-se a uma inversão, quer dizer, "da cidadania moldada pela democracia à cidadania moldando a democracia". Assim, não a democracia instituindo a cidadania, mas, o contrário, a cidadania como meio de (re)fundar e potencializar a democracia.[62]

Essa perspectiva traz à tona, ainda, um novo elemento, qual seja, romper com a ideia de cidadania apenas como direito, para alçar a reflexão sobre os deveres que nascem da cidadania.

Na seara ambiental, tal ideia de dever é realçada, por expressa disposição constitucional,[63] porquanto imponha cooperação entre Estado e sociedade e, desta última, atitude social ativa de parte do cidadão em face da coletividade e da premência de proteger o meio ambiente.[64]

Nessa perspectiva ganham especial relevo os movimentos da sociedade civil organizada e o próprio cidadão, na medida em que já tomaram consciência dos seus deveres frente à crise ambiental e têm o anseio de participar ativamente nas ações relacionadas à proteção do meio ambiente, pela via jurisdicional inclusive.

Os elementos até aqui apresentados indicam alguns contornos para uma adequação do Estado de modo a lidar mais adequadamente com a crise ambiental. Resta claro, portanto, a necessidade de uma atenção voltada ao futuro, buscando evitar lesões ao bem ambiental e a racionalização do uso dos recursos naturais. Do mesmo modo, na hipótese de danos ao meio ambiente, necessário um sistema de responsabilização que efetivamente promova a reparação do bem lesado, em todas as suas dimensões. Realça-se, por outro lado, a importância da ampliação dos canais e espaços de participação da sociedade, para tornar possível a gestão compartilhada entre os cidadãos e o Estado.

Firmes estas premissas, há que se aprofundar o tema relacionado à inclusão do meio ambiente dentre as preocupações e prioridades do Estado e da sociedade.

---

[61] ANDRADE, Vera Regina Pereira de. *Sistema penal máximo x cidadania mínima*: códigos da violência na era da globalização. Porto Alegre: Livraria do Advogado, 2003, p. 76/77.

[62] Idem, p. 78.

[63] Constituição Federal, artigo 225, dispõe que é dever do Poder Público e da coletividade defender e preservar o meio ambiente ecologicamente equilibrado.

[64] LEITE, José Rubens Morato. *Sociedade de risco e Estado*. In CANOTILHO, José Joaquim Gomes; LEITE, José Rubens Morato (organizadores). *Direito constitucional ambiental brasileiro*. São Paulo: Saraiva, 2007, p. 162.

1.2. Desdobramentos do Estado de Direito Ambiental: simultaneidade entre a proteção do meio ambiente e o exercício da cidadania como pressupostos de sua realização

> *[...] cara senhora, não devemos esquecer que, como disse um filósofo, liberdade é também violação disso que chamamos bom senso, liberdade é o direito – e o verdadeiro direito não é aquele que nos é dado, mas o que conquistamos – de pensar diferente.*
> (Rubem Fonseca – A Confraria dos Espadas)

Diante das premissas anteriormente apresentadas, busca-se doravante focar a análise em uma perspectiva constitucional do tema. Desta forma, primeiramente a inserção do meio ambiente na temática dos direitos fundamentais e, como desdobramento de tal percepção, refletir sobre a caracterização jurídica do bem ambiental, assim como acerca do dever de proteção ambiental.

As considerações a seguir apresentadas têm especial relevância para o desenvolvimento deste trabalho, na medida em que a caracterização do bem ambiental, assim como das peculiaridades da lesão a tal bem, darão subsídios para a reflexão de como o processo civil pode ser remodelado para tutelá-lo de forma adequada. Ao abordar o tema dos deveres de proteção ambiental, o estudo redundará no enfrentamento de toda a questão tocante à cidadania ambiental, quer dizer, do papel da sociedade na proteção ambiental, especialmente pela via jurisdicional, seus limites e suas possibilidades.

1.2.1. O direito fundamental ao meio ambiente sadio e equilibrado: evolução e reconhecimento constitucional no Brasil

Delineados os indicativos para uma nova conformação do Estado frente à crise ambiental, oportuno refletir sobre a atualidade jurídico-estatal brasileira em matéria de meio ambiente, especialmente no campo legal e constitucional. Para tanto, pertinente traçar uma breve evolução do direito brasileiro em matéria ambiental.

O Brasil dispôs de uma primeira fase em matéria de legislação ambiental, cujo escopo não era propriamente promover a proteção do meio ambiente, mas, isto sim, tinha foco nos recursos naturais, numa perspectiva utilitarista.

Ely Melo registra tal período assinalando que "as primeiras leis brasileiras de proteção ambiental surgiram dentro do referido contexto de concepção privatista do direito de propriedade, não podendo servir de suporte legal para que o poder público atuasse de maneira incisiva na defesa do meio ambiente, pois ao agir neste sentido, estaria limitando tanto o direito de propriedade quanto a iniciativa privada. [...] a preocupação central era com o aspecto econômico dos recursos naturais que o compõem. Somente quando se tomou ciência de que a saúde da população está diretamente relacionada com o ambiente que a cerca, é que se passou a concretizar uma política deliberativa no intuito de controlar os efeitos da degradação ambiental".[65]

Ocorre que, neste primeiro momento, o País estava guiado por uma preocupação exclusivamente desenvolvimentista, pois, à época, o problema ambiental não era um tema enfatizado. Neste sentido, oportuno registrar a postura adotada em 1972, na Conferência de Estocolmo,[66] em que o Brasil, por sua representação, manifestou perante a comunidade internacional clara objeção a adotar quaisquer políticas ambientalmente responsáveis.

Esta postura de evidente negação à preocupação relacionada ao meio ambiente, que na época florescia, é bem retratada por Milaré: "nesse evento, sabe-se, os países do Terceiro Mundo, liderados pelo Brasil, passaram a questionar a postura dos países ricos, que, tendo atingido pujança industrial com o uso predatório de recursos naturais, queriam agora retardar e encarecer a industrialização dos países subdesenvolvidos, impondo-lhes complexas exigências de controle ambiental; isso, porém, levaria a que ricos continuassem sempre ricos, e os pobres permanecessem sempre e irremediavelmente pobres. "A maior poluição é a pobreza" e "a industrialização suja é melhor do que a pobreza limpa" eram os *slogans* terceiro-mundistas".[67]

Não obstante, a Conferência de Estocolmo de 1972 é considerada um divisor de águas em matéria ambiental, inclusive para o próprio Brasil, malgrado a posição adotada.

A partir do referido encontro internacional iniciou-se um processo de conscientização entre os países acerca das questões ambientais, alertando-se a todos que somente uma ação integrada poderia fazer frente ao incremento dos impactos nefastos do modelo adotado, cuja amplitude mundial já se avizinhava.

---

[65] ELY MELO, Melissa. *O dever jurídico de restauração ambiental: percepção da natureza como projeto.* Florianópolis, 2008. Dissertação (Mestrado em Direito) – Universidade Federal de Santa Catarina, p. 38.

[66] Trata-se da primeira reunião mundial para debater a problemática ambiental, realizada pela ONU, denominada *Conferência das Nações Unidas sobre o Meio Ambiente Humano,* na qual participaram 113 países. Dentre os resultados de tal encontro destacam-se a criação do *Programa das Nações Unidas para o Meio Ambiente – PNUMA* e a aprovação da *Declaração sobre o Meio Ambiente Humano,* com 26 princípios que servem até hoje para nortear os processos decisórios em matéria ambiental. Neste sentido, MILARÉ, Édis. *Direito do ambiente: doutrina, jurisprudência e glossário.* São Paulo: Revista dos Tribunais, 2005. p. 140.

[67] Idem, ibidem.

A propósito, refere Kiss que "nenhum país, nenhum continente no mundo é capaz de resolver sozinho o problema da camada de ozônio, da alteração do clima global ou do empobrecimento dos nossos recursos genéticos. É doravante indispensável a cooperação da Terra inteira. Ora, a Terra compreende também e, sobretudo, as populações que vivem nos países não industrializados, as quais são pobres e querem desenvolver-se. Assim, o problema do desenvolvimento nas suas relações com o ambiente pôs-se em toda a sua amplitude e de modo definitivo".[68]

No âmbito interno brasileiro, Estocolmo deu ensejo a uma segunda fase para o direito ambiental brasileiro, principiando com juristas voltando a atenção para o tema ambiental e, por conseguinte, o próprio direito passando a dar foco ao meio ambiente e ao quadro de crise que então se alardeava.[69]

Os novos direcionamentos, decorrentes de uma verdadeira tomada de consciência, denotam que a evolução do direito ambiental brasileiro teve também aporte indireto, como consequência da necessidade do governo brasileiro ajustar-se às exigências estabelecidas internacionalmente no encontro de Estocolmo.

O advogado e biólogo Paulo Nogueira Neto relata esta pressão internacional como fator definitivo para a criação, em 1973, da Secretaria Especial do Meio Ambiente, então vinculada ao Ministério do Interior, da qual foi o primeiro titular, localizada inicialmente em uma pequena sala do referido Ministério, contando com pouquíssimos funcionários e equipamentos.[70]

Não obstante a estrutura precária, que objetivava apenas a atender a exigências externas, o trabalho lá realizado deixou marcas que são percebidas e influenciam até a atualidade, marcando o início de uma segunda etapa na evolução jurídico-ambiental brasileira.[71]

O marco desta nova etapa desdobrou-se na década de 1980, com a criação das Lei da Política Nacional do Meio Ambiente[72] e da Lei da Ação Civil Pública.[73]

---

[68] KISS, Alexandre. *Direito internacional do ambiente*, p. 82. Apud FREITAS, Vladimir Passos de. *A Constituição Federal e a efetividade das normas ambientais*. São Paulo: Revista dos Tribunais, 2005, p. 40.

[69] FREITAS, Vladimir Passos de. *A Constituição Federal e a efetividade das normas ambientais*. São Paulo: Revista dos Tribunais, 2005, p. 22.

[70] Palestra ministrada em Julho de 2007, em Rio do Sul/SC, por conta das comemorações dos 20 anos da APREMAVI – Associação para a Preservação do Meio Ambiente do Vale do Itajaí.

[71] MILARÉ, Édis. *Direito do ambiente: doutrina, jurisprudência e glossário*. São Paulo: Revista dos Tribunais, 2005. p. 140.

[72] BRASIL. Lei 6938, de 31 de agosto de 1981 (Lei da Política Nacional do Meio Ambiente).

[73] BRASIL. Lei 7.347, de 24 de julho de 1985 (Disciplina a ação civil pública de responsabilidade por danos causados ao meio ambiente, ao consumidor, a bens e direitos de valor artístico, estético, histó-

A relevância da Lei da Política Nacional do Meio decorre do novo enfoque legislativo dado ao meio ambiente, não mais focado na sua acepção de recursos naturais, mas na necessidade de sua preservação, delineando direcionamentos e instituindo ferramentas para promover o intento preservacionista.

Segundo Milaré, "o primeiro marco é a edição da Lei 6.938, de 31.08.1981, conhecida como Lei da Política Nacional do Meio Ambiente, que, entre outros méritos, teve o de trazer para o mundo do Direito o conceito de meio ambiente como objeto específico de proteção em seus múltiplos aspectos; o de instituir um Sistema Nacional do Meio Ambiente (SISNAMA), apto a propiciar o planejamento de uma ação integrada de diversos órgãos governamentais através de uma política nacional para o setor; e o de estabelecer, no art. 14, § 1º, a obrigação do poluidor de reparar os danos causados, de acordo com o princípio da responsabilidade objetiva (sem culpa) em ação movida pelo Ministério Público".[74]

Na evolução, chega-se à terceira fase do tratamento jurídico-ambiental no Brasil, com a Constituição Federal de 1988, assentando-se as bases para a aceitação de nosso País como um Estado moldado como de Direito Ambiental. Ocorre que, embora não esteja previsto no rol do artigo 5º da Carta Magna, o direito a um meio ambiente sadio é reconhecido como um direito fundamental do cidadão.[75]

Tantos são os enfoques e mecanismos dedicados pela Constituição Federal à questão ambiental,[76] que o caráter fundamental do direito a um meio ambiente saudável e equilibrado parece evidente.

Todavia, merece destaque o disposto no artigo 225, quando determina que "todos têm direito ao meio ambiente ecologicamente equilibrado, bem de uso comum do povo e essencial à sadia qualidade de vida", na medida em que, sadia qualidade de vida é, inquestionavelmente, requisito para se alcançar a dignidade da pessoa humana referida como fundamento do Estado Democrático de Direito no artigo 1º, inciso III, da Constituição Federal de 1988.

Nesta perspectiva, assevera Carvalho que "a partir da constatação de que a dignidade da pessoa humana encontra no *meio ambiente ecologicamente equilibrado* um pressuposto para uma vida saudável, desloca-se

---

rico, turístico e paisagístico e dá outras providências). A relevância da Lei da Ação Civil Pública será analisada em tópico próprio, por estar no cerne do presente trabalho.

[74] MILARÉ, Édis. *Direito do ambiente: doutrina, jurisprudência e glossário*. São Paulo: Revista dos Tribunais, 2005. p. 141.

[75] FREITAS, Vladimir Passos de. *A Constituição Federal e a efetividade das normas ambientais*. São Paulo: Revista dos Tribunais, 2005, p. 23.

[76] Apenas exemplificativamente, artigos 5º, LXXIII; 23, VI; 24, VI e VII; 129, III; 170, VI; 174, §3º e; 200, VIII.

sua percepção fundada apenas sobre a *pessoa* (construção fundamentalmente decorrente da tradição humanista-individualista) para uma noção transindividual, consubstanciada no termo *qualidade de vida*. Ou seja, a dignidade da pessoa humana encontra-se condicionada à qualidade dos recursos ambientais e ecológicos, o que, por evidente, permitirá, por exemplo, uma vida humana saudável. Neste sentido, pode ser assegurada a existência, no art. 225 da CF/1988, de "um princípio do meio ambiente ecologicamente equilibrado como um direito fundamental da pessoa humana".[77]

Em outra abordagem tem-se que o meio ambiente saudável e equilibrado, como um direito fundamental, decorre da amplitude dos direitos fundamentais abrangidos pelo § 2º do artigo 5º,[78] considerando-se, especialmente, a Convenção da ONU de 1972 sobre Meio Ambiente que, como assinalado, reconheceu a essencialidade deste direito.[79]

É importante, ainda, ressaltar que a percepção sobre os direitos fundamentais acompanha a evolução humana. Basta fazer um apanhado dos direitos de primeira, segunda e terceira dimensões. No primeiro momento, havia uma posição privilegiada das liberdades individuais em relação ao Estado; mais tarde, diante da imposição de uma atuação do Estado em favor da sociedade, passam a prevalecer os chamados direitos de segunda dimensão e, por último, alcançam-se os direitos de terceira dimensão, em decorrência de uma crescente preocupação com os direitos humanos. Isto resulta numa multiplicação dos direitos fundamentais, gerando uma preocupação não mais com o indivíduo ou com certos grupos, mas com todo o gênero humano (interesses difusos), o que, por conseguinte, faz nascer a necessidade de defender o meio ambiente e os recursos naturais, de forma ampla.

Por derradeiro, considerando um conceito amplo e material de direitos humanos – elementares para uma vida pautada na liberdade e na dignidade humana – percebe-se que direitos fundamentais, numa análise material, são todos os direitos – previstos ou não na Constituição – que servem para garantir o Estado democrático e a dignidade da pessoa humana. Isto passa pela implementação de políticas em favor de todas as

---

[77] CARVALHO, Délton Winter de. *A sociedade do risco global e o meio ambiente como um direito personalístico intergeracional*. Revista de Direito Ambiental, ano 13, n. 52, out.-dez./2008. São Paulo: Revista dos Tribunais, 2008, p. 30.

[78] § 2º Os direitos e garantias expressos nesta Constituição não excluem outros decorrentes do regime e dos princípios por ela adotados, ou dos tratados internacionais em que a República Federativa do Brasil seja parte.

[79] FREITAS, Vladimir Passos de. *A Constituição Federal e a efetividade das normas ambientais*. São Paulo: Revista dos Tribunais, 2005, p. 41.

pessoas – das presentes e futuras gerações – e, consequentemente, implica garantir o direito a um meio ambiente saudável.[80]

Apesar de a nossa Constituição não mencionar explicitamente o direito a um meio ambiente sadio, o seu artigo 5º deve ser interpretado como acolhedor de tal preceito, uma vez que se trata de direito fundamental à vida, tanto sob o ponto de vista físico e da saúde, quanto de uma existência digna.

Por todas estas razões, é absolutamente razoável afirmar que o direito ao meio ambiente harmonioso e saudável destaca-se como um dos principais direitos na atualidade, pois diretamente ligado ao mais fundamental direito do ser humano – o direito à própria existência.

Feitas estas considerações, indo além, relevante questionar qual o significado do reconhecimento do meio ambiente sadio e equilibrado enquanto direito fundamental.

Dentre os desdobramentos de alçar o meio ambiente ao nível de direito fundamental, inclui-se seu reconhecimento como cláusula pétrea,[81] de modo que não passível sua abolição por qualquer proposta de emenda à Constituição, nos termos consagrados pelo artigo 60, § 4º, inciso IV, da Constituição Federal.[82]

Trata-se, em outros termos, da aplicação do princípio da vedação de retrocesso dos direitos fundamentais, o que é explicado por Fensterseifer do seguinte modo: "a proibição de retrocesso, nesse contexto, diz respeito mais especificamente a uma medida protetiva dos direitos fundamentais (e da dignidade humana) contra a atuação do legislador em termos de retroceder nas garantias e na tutela normativa já existentes para com os direitos em questão. A proibição de retrocesso constitui-se de um princípio constitucional implícito, tendo como fundamento constitucional [...] entre outros, o princípio do Estado (democrático e social) de Direito, o princípio da dignidade da pessoa humana, o princípio da máxima eficácia e efetividade das normas garantidoras de direitos fundamentais, as garantias expressamente previstas (ato jurídico perfeito, direito adquirido e coisa julgada), o princípio da segurança jurídica e o princípio da proteção de confiança".[83]

---

[80] Com semelhante raciocínio: ALONSO Jr., Hamilton. *Direito fundamental ao meio ambiente e ações coletivas.* São Paulo: Revista dos Tribunais, 2006, p. 40.

[81] Neste sentido, ALONSO Jr., Hamilton. *Direito fundamental ao meio ambiente e ações coletivas.* São Paulo: Revista dos Tribunais, 2006, p. 46.

[82] Neste sentido, "Art. 60: A Constituição poderá ser emendada mediante proposta: [...]. § 4º Não será objeto de deliberação a proposta de emenda tendente a abolir: [...]; IV – os direitos e garantias individuais". BRASIL. *Constituição da República Federativa do Brasil de 1988.*

[83] FENSTERSEIFER, Tiago. *Direitos fundamentais e proteção do meio ambiente: a dimensão ecológica da dignidade humana no marco jurídico-constitucional do estado socioambiental de direito.* Porto Alegre: Livraria do Advogado, 2008, p. 259. Sustenta o referido autor (p. 260) que tal princípio visa à proteção do

Por outro lado, a inclusão do direito ao meio ambiente sadio e equilibrado, no patamar de direito fundamental, importa em atribuir novos encargos ao Estado, na medida em que "o atual perfil constitucional do Estado (Socioambiental) de Direito brasileiro, delineado pela Lei Fundamental de 1988, dá forma a um Estado "guardião e amigo" dos direitos fundamentais, estando, portanto, todos os poderes e órgãos estatais vinculados à concretização dos direitos fundamentais, especialmente no que guarda uma direta relação com a dignidade da pessoa humana. Tal perspectiva coloca para o Estado brasileiro, além da proibição de interferir no âmbito de proteção de determinado direito fundamental a ponto de violá-lo, também a missão constitucional de promover e garantir em termos prestacionais o desfrute do direito, quando tal se fizer necessário. Assim, em maior ou menor medida, todos os Poderes Estatais, representados pelo Executivo, pelo Legislativo e pelo Judiciário, estão constitucionalmente obrigados, na forma de *deveres de proteção e promoção ambiental*, a atuar, no âmbito da sua esfera constitucional de competências, sempre no sentido de obter a maior eficácia e efetividade possível dos direitos e deveres fundamentais socioambientais".[84]

Ainda sobre as implicações da colocação do meio ambiente no nível de direito fundamental, precisa a lição de Leite, quando traz uma resposta abrangente, ao asseverar que, "para a efetividade deste direito, há necessidade da participação do Estado e da coletividade, em consonância com o preceito constitucional. O Estado, desta forma, deve fornecer os meios instrumentais necessários à implementação deste direito. Além desta ação positiva do Estado, é necessária também a abstenção de práticas nocivas ao meio ambiente, por parte da coletividade. O cidadão deve, desta forma, empenhar-se na consecução deste direito fundamental, participando ativamente das ações voltadas à proteção do meio ambiente".[85]

É de se realçar em tais considerações, especialmente para os fins deste estudo, a ênfase dada ao dever de toda a sociedade de participar das ações voltadas à proteção do meio ambiente. Na medida em que o Estado tem o dever de criar instrumentos, a coletividade tem o dever de buscar acessá-los e manejá-los, inclusive os instrumentos jurisdicionais, como desdobramento do legítimo movimento de acesso à justiça.

---

núcleo essencial dos direitos fundamentais, "na medida em que a tutela e o exercício efetivo de tais direitos só é possível onde esteja assegurado um nível mínimo de segurança jurídica e previsibilidade do próprio ordenamento objetivo".

[84] SARLET, Ingo Wolfgang; FENSTERSEIFER, Tiago. *O papel do Poder Judiciário brasileiro na tutela e efetivação dos direitos e deveres socioambientais*. Revista de Direito Ambiental, ano 13, n. 52, out.-dez./2008. São Paulo: Revista dos Tribunais, 2008, p. 81.

[85] LEITE, José Rubens Morato. *Dano ambiental: do individual ao coletivo extrapatrimonial*. São Paulo: Revista dos Tribunais, 2003, p. 73.

Postas estas considerações, partindo-se dos postulados alhures expostos, pertinente realçar dois desdobramentos da aceitação do meio ambiente sadio e equilibrado no patamar dos direitos fundamentais: primeiro, melhor caracterizar o meio ambiente e, especialmente, o bem ambiental (que se sustenta ser digno de uma tutela diferenciada); após, definir os parâmetros e a amplitude do conceito de cidadania, sobremaneira quando relacionada à questão ambiental.

1.2.2. Caracterização do meio ambiente enquanto bem jurídico a ser protegido

Doravante será tratado o relacionamento entre o meio ambiente e o Direito. É dizer, à luz das considerações precedentes, qual o enfoque que o Direito deve dar ao meio ambiente, contextualizando o momento jurídico brasileiro.

Partindo-se do quadro da sociedade de risco, dos contornos do Estado de Direito Ambiental e da inserção do direito ao meio ambiente sadio e equilibrado no patamar de direito fundamental, a primeira constatação é de que o enfoque jurídico sobre o tema deve ser diverso daquele de matiz utilitarista.[86] O direito volta-se agora à proteção deste bem segundo um prisma preservacionista, seja considerando-o um bem jurídico tutelável em si mesmo, seja para atender ao princípio da responsabilidade intergeracional, isto é, o dever da sociedade contemporânea para com as futuras gerações.

Quanto ao primeiro aspecto, observa Mirra que, no Brasil, "reconheceu-se que o meio ambiente é um valor digno de proteção enquanto tal, por intermédio da definição legal e do regime jurídico [...]. Com efeito, admitir a proteção de todos os elementos ou fatores naturais, artificiais e culturais que condicionam a vida significa levar em consideração tudo o que a envolve e influi sobre ela, como objeto de proteção jurídica. Mas torna-se pertinente indagar, aqui, se a legislação em vigor trouxe uma modificação mais profunda no estado tradicional de Direito brasileiro. Cumpre verificar se o meio ambiente e os seus elementos integrantes foram *personificados*, ou tecnicamente falando, se o meio ambiente e seus componentes foram erigidos à condição de *sujeitos de direito*".[87]

---

[86] Neste sentido, assevera Leite que "a idéia do passado, enraizada entre nós, de que o homem domina e submete a natureza à exploração ilimitada, perdeu seu fundamento". LEITE, José Rubens Morato. *Dano ambiental: do individual ao coletivo extrapatrimonial*. São Paulo: Revista dos Tribunais, 2003, p. 73.

[87] MIRRA, Álvaro Luiz Valery. *Ação Civil Pública e a reparação do dano ao meio ambiente*. São Paulo: Juarez de Oliveira, 2002, p. 59.

O referido autor responde negativamente tal questão, opção à qual nos filiamos. Ocorre que, embora se verifique um caminhar rumo ao reconhecimento do valor intrínseco do meio ambiente, constata-se que, não obstante a superação do patamar meramente utilitarista, "a realidade é que a proteção a eles acordada pelo direito nunca aparece desvinculada da necessidade de promoção da qualidade de vida dos seres humanos".[88]

No mesmo sentido conclui Nalini: "um retorno sem mais a um habitat são e a costumes parcos significaria um transtorno físico e psicologicamente insuportável por muitos homens, a perda de excelentes conquistas culturais e técnicas, a renúncia à apaixonante aventura do progresso técnico e científico. Uma vida humana sossegada e sem criatividade em uma natureza esplendorosa não resulta um objeto desejável. Reclama-se, isto sim, uma racionalização do progresso. A devastação do mundo físico, a poluição da terra e do mar, a destruição das florestas e da fauna, a deterioração das paisagens e dos vestígios históricos, não pode ser o projeto humano para o planeta".[89]

Diante deste antagonismo, se busca correlacionar as perspectivas extremas – de um lado, mero utilitarismo e, de outro, o reconhecimento do meio ambiente como sujeito de direito, conforme o sucedâneo teórico da ecologia profunda – com o conceito de antropocentrismo alargado, como mediador daquelas percepções dicotômicas, enquanto "ruptura com a existência de dois universos distantes: o homem e o natural, e avança no sentido da interação destes. Abandonam-se idéias de separação, dominação e submissão e busca-se uma interação entre os universos distintos e a ação humana".[90]

Em outros termos, agora, a partir de uma reflexão ética, mas com idêntica abordagem, trata-se de respeitar a natureza não como uma "religião ecológica", mas respeitá-la como decorrência do respeito aos demais cidadãos. Se a natureza dá ao homem tudo, sem nada cobrar, este é o momento da reciprocidade e, "para que a vida permaneça possível, para que o gênero humano se perpetue, derrubemos a ética humanista ou antropo-

---

[88] MIRRA, Álvaro Luiz Valery. *Ação Civil Pública e a reparação do dano ao meio ambiente*. São Paulo: Juarez de Oliveira, 2002, p. 60.

[89] NALINI, José Renato. *Ética geral e profissional*. São Paulo: Revista dos Tribunais, 2008, p. 461-462.

[90] LEITE, José Rubens Morato. *Dano ambiental:* do individual ao coletivo extrapatrimonial. São Paulo: Revista dos Tribunais, 2003, p. 76. E mais adiante observa: "[...] a perspectiva antropocêntrica alargada propõe não uma restritiva visão de que o homem tutela o meio ambiente única e exclusivamente para proteger a capacidade de aproveitamento deste, considerando precipuamente satisfazer as necessidades individuais dos consumidores, em uma definição economicocêntrica. Com efeito, esta proposta visa, de maneira adversa, a abranger também a tutela do meio ambiente, independentemente da sua utilidade direta, e busca a preservação da capacidade funcional do patrimônio natural, com ideais éticos de colaboração e interação".

cêntrica clássica, elaboremos um contrato natural, remetendo finalmente à ética 'objetiva', centrada sobre o real".[91]

Isso decorre da necessidade – inclusive sendo esta a opção brasileira, no nível normativo-regulatório sobre o tema – de um modelo de responsabilidade social para com o meio ambiente, a ser implementado pelo ser humano, seja enquanto sociedade, seja nas suas instituições, como o Estado, que deve atuar como o responsável por proteger o meio ambiente, na medida em que o homem passa a ser perspectivado como um de seus componentes. Significa, pois, a aceitação de uma solidariedade e comunhão de interesses entre o humano e o natural "como condição imprescindível a assegurar o futuro de ambos e dependente de forma insofismável da ação do primeiro, como verdadeiro guardião da biosfera".[92]

Assim, esta primeira noção sugere que a abordagem jurídica sobre o bem ambiental deve partir no sentido de tratá-lo como um pressuposto para a vida humana. Considerando-se que estamos inseridos no meio ambiente e que os resultados negativos hão de atingir a todos que o compõem, a sua qualidade "deve ser preservada independentemente de oportunizar utilidades para a espécie humana",[93] como requisito para manutenção da vida humana e, acima disso, uma vida com qualidade e dignidade.

Outra nuance tocante ao bem ambiental, conforme anteriormente indicado, refere-se à consideração, para o direito, da importância transgeracional deste bem. Conforme alude Leite, "acrescenta-se a este panorama o fato de que hoje a defesa do meio ambiente está relacionada a um interesse intergeracional e com necessidade de um desenvolvimento sustentável, destinado a preservar os recursos naturais para as gerações futuras, fazendo com que a proteção antropocêntrica do passado perca fôlego, pois está em jogo não apenas o interesse da geração atual. Assim sendo, este novo paradigma da proteção ambiental, com vistas às gerações futuras, pressiona um condicionamento humano político e coletivo mais consciencioso com relação às necessidades ambientais".[94]

Esta percepção passa pela aceitação de uma responsabilidade transgeracional, quer dizer, ter-se consciência de que, se o meio ambiente sadio e equilibrado é uma necessidade para a vida da presente geração, também o será para as próximas. Portanto, a qualidade do futuro depende

---

[91] NALINI, José Renato. *Ética geral e profissional*. São Paulo: Revista dos Tribunais, 2008, p. 461.

[92] LEITE, José Rubens Morato. *Dano ambiental:* do individual ao coletivo extrapatrimonial. São Paulo: Revista dos Tribunais, 2003, p. 76.

[93] STEIGLEDER, Annelise Monteiro. *Responsabilidade civil ambiental:* as dimensões do dano ambiental no direito brasileiro. Porto Alegre: Livraria do Advogado, 2004, p. 100.

[94] LEITE, José Rubens Morato. Op. cit., p. 74.

das opções que o ser humano tomar no presente ou, mais precisamente, promover a qualidade ambiental, agora é pressuposto para a qualidade de vida no futuro.

Há também que se ponderar acerca da necessidade do enfrentamento da questão ambiental, considerando-se o meio ambiente em sua dimensão ampla e sistêmica. Segundo Silva, "no conceito que o Direito atribui atualmente ao meio ambiente, trata-se de um conceito sistêmico, que contempla o meio como uma unidade inter-relacionada, integrada pela natureza original, artificial e pelos bens culturais, pressupondo uma interdependência entre todos os elementos aí abrangidos, inclusive a humanidade, valorizando-se a preponderância da complementariedade recíproca entre o ser humano e o meio ambiente sobre a ultrapassada relação de sujeição e instrumentalidade".[95]

Steigleder refere-se a um conceito unitário e sistêmico para o meio ambiente, na medida em que, sendo um sistema de relações, não comporta qualquer forma de divisão. Deste modo, sua proteção jurídica haverá de ocorrer "sobre a qualidade ambiental e sobre as características físicas e químicas do ecossistema, vislumbrando-se o bem ambiental como imaterial e independente dos diversos componentes corpóreos que o compõem".[96]

Diante de tais considerações, segundo a previsão constitucional do artigo 225, é acertado falar em uma autonomia jurídica do meio ambiente, porquanto não se confunde com os bens corpóreos que o integram – microbem – tais como a água, o solo, o ar, a fauna ou a flora, que possuem específica legislação de regência. De acordo com esta perspectiva aglutinadora dos recursos naturais, propõe-se a caracterização do meio ambiente como um macrobem, o que é melhor explicado por Leite, quando leciona que "na concepção de micro bem ambiental o meio ambiente pode ter o regime de sua propriedade variado, ou seja, pública e privada, no que concerne à titularidade dominial. Na outra categoria, ao contrário, é um bem qualificado como de interesse público; seu desfrute é necessariamente comunitário e destina-se ao bem-estar individual".[97]

É neste sentido, considerando-se o meio ambiente enquanto macrobem, que reza o artigo 3°, inciso I, da Lei da Política Nacional do Meio Ambiente, ao conceituar meio ambiente como sendo "o conjunto de con-

---

[95] SILVA, Danny Monteiro da. *Dano ambiental e sua reparação*. Curitiba: Juruá, 2006, p. 35.
[96] STEIGLEDER, Annelise Monteiro. *Responsabilidade civil ambiental:* as dimensões do dano ambiental no direito brasileiro. Porto Alegre: Livraria do Advogado, 2004, p. 97.
[97] LEITE, José Rubens Morato. *Dano ambiental:* do individual ao coletivo extrapatrimonial. São Paulo: Revista dos Tribunais, 2003, p. 85.

dições, leis, influências e interações de ordem física, química e biológica, que permite, abriga e rege a vida em todas as suas formas".[98]

Este conceito legal, tido como evoluído para a época em que fora criado, enfatiza que os diversos elementos relacionados à vida, em suas diversas formas, devem ser compreendidos em conjunto, na medida em que se constata a existência de uma interação permanente entre tais elementos.

Melhor refletindo sobre o dispositivo legal assinalado, pertinente recorrer uma vez mais a Leite, quando sustenta que o conceito de meio ambiente previsto na Lei da Política Nacional do Meio ambiente comporta uma subdivisão, a saber: "de um lado, meio ambiente pode ter uma conotação de bens naturais e proteção destes bens, mais relacionado com o ecossistema. Por outro lado, esta subdivisão abrange o patrimônio cultural (histórico, paisagístico) e a sadia qualidade de vida do ser humano, bens que estão mais relacionados com uma visão antropocêntrica, pois relacionada diretamente à promoção de uma melhoria e conservação de qualidade de vida do ser humano. A razão da proteção jurídica do meio ambiente, em ambas as subdivisões, parece justificada, do ponto de vista axiológico, tendo em vista que diz respeito à preservação da capacidade de aproveitamento do bem, com relação às gerações humanas presentes e futuras".[99]

Há que se considerar, como derradeiro elemento da conceituação jurídica do bem ambiental que, na forma prevista no artigo 225 da Constituição Federal, o meio ambiente é tido como bem de uso comum do povo, logo, inapropriável, indisponível e indivisível. Assim sendo, é de titularidade difusa e, enquanto macrobem, não se insere na dominialidade tocante ao patrimônio público, tampouco ao patrimônio privado, mas se classifica como um bem de interesse público.[100]

Uma vez caracterizado o macrobem ambiental – de titularidade difusa e importância transgeracional, que deve ser manejado de forma tanto a garantir a vida humana quanto atender ao seu valor intrínseco, bem como compreendido de forma sistêmica e integrando todos os elementos relacionados à vida – resta evidente sua complexidade e relevância.

1.2.1.1. *Considerações sobre o dano ao meio ambiente: dimensões e peculiaridades*

Como desfecho deste tópico voltado à caracterização do bem ambiental, importa assinalar as peculiaridades relacionadas à lesão a este

---

[98] BRASIL. Lei 6938, de 31 de agosto de 1981 (Lei da Política Nacional do Meio Ambiente).

[99] LEITE, José Rubens Morato. *Dano ambiental: do individual ao coletivo extrapatrimonial*. São Paulo: Revista dos Tribunais, 2003, p. 80-81.

[100] Neste sentido, ALONSO Jr., Hamilton. *Direito fundamental ao meio ambiente e ações coletivas*. São Paulo: Revista dos Tribunais, 2006, p. 55.

bem jurídico, o que passa pela análise das especificidades do dano causado ao meio ambiente, sua amplitude e dimensões. Objetiva-se delinear a abordagem que será empregada no estudo da responsabilização civil pela via jurisdicional, especificamente: as ações judiciais para tutela do interesse ambiental difuso e, neste particular, o direito probatório.

O dano, em sua acepção jurídica, está relacionado a fatos que implicam a alteração de um bem destinado a satisfazer interesses ou necessidades que, para o Direito, sejam merecedores de proteção e tutela. Diante de tal premissa, é de se concluir que "somente serão relevantes para o mundo jurídico aqueles acontecimentos considerados relevantes para a ideologia e a ética dominantes em determinado momento histórico e cultural".[101]

Tal ressalva inicial leva à conclusão de que a percepção jurídica de um dano dependerá da relevância que um determinado ordenamento jurídico dê a certo bem ou direito. Em outros termos, só haverá dano quando o bem ou o direito lesado forem juridicamente protegidos.

Especificamente, em matéria ambiental, considerando-se que em um determinado ordenamento se opte por uma concepção privatista e utilitarista do meio ambiente, focado exclusivamente nos microbens, a acepção de dano, neste sistema, importará em apontar que só serão reparáveis aquelas lesões que afetem pessoas perfeitamente identificáveis e seus respectivos patrimônios.[102]

Em ordenamentos jurídicos como o brasileiro, que atribuem elevada importância e amplitude ao meio ambiente – inclusive alçando-o ao patamar constitucional de direito fundamental – a compreensão sobre os danos a tal bem serão igualmente amplas.

Silva descreve esta variação de ênfase a partir da conotação atribuída ao direito de propriedade em cada ordenamento. Deste modo, faz a seguinte distinção: "onde o conceito de direito de propriedade privada é mais amplo, como ocorre na Alemanha, o dano ambiental limitar-se-á mais facilmente aos danos às pessoas e seus bens, ficando sua reparação mais restrita ao âmbito da responsabilidade civil de esfera privada, não atingirá de forma direta a reparação de bens ambientais. Por outro lado, onde o conceito de propriedade privada é mais limitado, surge a distinção entre dano ambiental que atinja as pessoas e seus bens e dano ambiental que atinja tão-somente o meio ambiente, enquanto bem coletivo e de ordem pública".[103]

---

[101] SILVA, Danny Monteiro da. *Dano ambiental e sua reparação.* Curitiba: Juruá, 2006, p. 82-83.

[102] STEIGLEDER, Annelise Monteiro. *Responsabilidade civil ambiental:* as dimensões do dano ambiental no direito brasileiro. Porto Alegre: Livraria do Advogado, 2004, p. 117-118.

[103] SILVA, Danny Monteiro da. *Dano ambiental e sua reparação.* Curitiba: Juruá, 2006, p. 93-94.

Partindo-se da opção feita na Constituição brasileira, para o meio ambiente, é de se perceber a existência de uma dupla dimensão do dano ambiental, quer dizer, a possibilidade de ocorrência de um dano ambiental autônomo, diverso daquele dos bens particulares. Em outros termos, há distinção entre o dano ao microbem e ao macrobem ambiental, na medida em que o dano ao microbem afeta primordialmente a esfera privada daqueles que forem titulares de seu domínio, enquanto o dano ao macrobem refere-se à lesão ao meio ambiente propriamente considerado.

Já no que toca particularmente ao dano ao macrobem ambiental, outra diferenciação é sugerida pela doutrina, a saber: de um lado tem-se o dano ecológico puro, de outro o dano ambiental em sentido amplo. Leite apresenta o dano ecológico puro considerando que "o meio ambiente pode ter uma conceituação restrita, ou seja, relacionada aos componentes naturais do ecossistema e não ao patrimônio cultural ou artificial. Nesta amplitude, o dano ambiental significaria dano ecológico puro e sua proteção estaria sendo feita em relação a alguns componentes essenciais do ecossistema. [...] danos que atingem, de forma intensa, bens próprios da natureza, em sentido estrito.[104]

Diversamente, o dano ambiental poderá ter uma amplitude mais alargada, denominada dano ambiental *lato sensu*. Significa que, além do dano ecógio puro, há outra magnitude, referente aos interesses difusos da coletividade, que abrange a totalidade dos componentes do meio ambiente, inclusive o patrimônio cultural, protegendo o meio ambiente e todos os seus componentes, de forma unitária.[105]

Têm-se, desde modo, para fins conceituais, três amplitudes distintas do dano ambiental. Para bem ilustrar tal diferenciação, pertinente recorrer à lição de Steigleder, quando apresenta a seguinte hipótese: "os danos ambientais *lato sensu* resultam sempre sobrepostos aos danos ecológicos puros e também os danos individuais, pois, nas duas hipóteses, estará sendo lesado o interesse difuso adjacente, relativo à manutenção da qualidade ambiental. Assim, um vazamento de óleo no mar, que produza a contaminação hídrica e a morte de peixes causará: a) um dano individual aos pescadores que dependem economicamente da atividade de pesca – em razão da existência de diversas pessoas ligadas a essa mesma situação de fato, configurar-se-á lesão a interesses individuais homogêneos, em que a nota continua a ser o indivíduo –; b) um dano ecológico puro, porquanto o ecossistema marítimo restará atingido em suas características essenciais, e c) um dano ambiental

---

[104] LEITE, José Rubens Morato. *Dano ambiental:* do individual ao coletivo extrapatrimonial. São Paulo: Revista dos Tribunais, 2003, p. 95.
[105] Neste sentido, Idem, p. 96.

lato sensu, já que o valor ambiental protegido constitucionalmente, a qualidade do recurso hídrico e da biota estará gravemente afetada".[106]

A diferenciação apresentada tem importância para delimitar o escopo do presente trabalho. Ocorre que a primeira hipótese lançada, tocante aos danos individuais, ainda que individuais homogêneos, afasta-se do objeto deste estudo, eis que voltado ao macrobem ambiental, na feição de interesse difuso.

O que se busca analisar é o dano ao meio ambiente em sentido amplo, que decorre do dano ecológico puro, ao operar uma perda ou diminuição da qualidade ambiental. Exclui-se, por conseguinte, o "dano por intermédio do meio ambiente ou dano em ricochete a interesses legítimos de uma determinada pessoa, [que configura] um dano particular que ataca um direito subjetivo e legitima o lesado a uma reparação patrimonial ou extrapatrimonial".[107]

Desta forma, dá-se ênfase à tutela jurisdicional do macrobem ambiental e, por conseguinte, à responsabilização decorrente do dano a um interesse difuso e de reparabilidade indireta, caracterização empregada por Leite que, segundo este autor, é marcada pelas seguintes particularidades: "concernente à proteção do macrobem ambiental e relativos à proteção do meio ambiente como bem difuso, sendo que a reparabilidade é feita, indireta e preferencialmente, ao bem ambiental de interesse coletivo e não objetivando ressarcir interesses próprios e pessoais. Observe-se que, nesta concepção, o meio ambiente é reparado indiretamente no que concerne à sua capacidade funcional ecológica e à capacidade de aproveitamento humano e não, por exemplo, considerando a deterioração de interesses dos proprietários do bem ambiental".[108]

Aliás, quanto à diferenciação entre o dano por ricochete e o dano ambiental difuso, outro destaque refere-se à questão prescricional, isto é, à fixação legal de prazo para o exercício do direito de ação para responsabilização e reparação do dano. No que toca ao dano individual, este está sujeito ao regramento civil sobre prescrição, porquanto se tratar de instituto relacionado a direitos patrimoniais disponíveis. Não é o caso, porém, do macrobem ambiental, que, dentre outras especificidades, não é disponível – em razão da sua titularidade difusa, conforme já visto alhures – de modo que o acesso à justiça para a tutela do meio ambiente, em sentido amplo, não está sujeito ao regramento prescricional. Ademais, "a perda do direito de ação pela via ju-

---

[106] STEIGLEDER, Annelise Monteiro. *Responsabilidade civil ambiental:* as dimensões do dano ambiental no direito brasileiro. Porto Alegre: Livraria do Advogado, 2004, p. 122-123.

[107] Idem, p. 117.

[108] Neste sentido, LEITE, José Rubens Morato. *Dano ambiental:* do individual ao coletivo extrapatrimonial. São Paulo: Revista dos Tribunais, 2003, p. 96.

risdicional não se configura quando em litígio direitos fundamentais".[109] É de se afirmar, portanto, a imprescritibilidade do dano ao macrobem ambiental.

À guisa de um conceito, recorre-se a Mirra, quando traz a seguinte definição de dano ambiental: "toda degradação do meio ambiente, incluindo os aspectos naturais, culturais e artificiais que permitem e condicionam a vida, visto como bem unitário imaterial coletivo e indivisível, e dos bens ambientais e seus elementos corpóreos e incorpóreos específicos que o compõem, caracterizadora da violação do direito difuso e fundamental de todos à sadia qualidade de vida em um ambiente são e ecologicamente equilibrado. Dessa definição sobressaem, notadamente, vale reafirmar, a amplitude, autonomia e a especificidade do dano ambiental, em função dos destinatários da proteção jurídica ambiental – o meio ambiente global e o homem na sua dimensão coletiva e intergeracional – que figuram simultaneamente como vítimas das degradações impostas".[110]

Uma vez definido o ponto de análise e apresentado um conceito, passa-se o foco à questão do dano ambiental, em suas diferentes dimensões: a dimensão material e a dimensão extrapatrimonial.

Uma das peculiaridades do dano ao meio ambiente reside em ser incerto e de difícil constatação, uma vez que "numerosas dificuldades, inclusive científicas, surgem quanto à prova da existência do dano, pois os efeitos da contaminação são complexos e variam em intensidade e imediação. Assim, para se obter relativa certeza sobre a existência dos danos ambientais, é necessário considerar a totalidade dos impactos, pois, se são destacados apenas alguns efeitos isolados, é pouco provável que se obtenha uma imagem completa da situação do ambiente degradado".[111]

Esta nuance implica, inclusive, a dificuldade de sua configuração jurídica, uma vez que tal característica contrasta com a exigência tradicional do Direito referente à certeza do dano. Ganha realce, deste modo, toda a matéria relacionada ao direito probatório, porquanto em casos assim é a prova pericial, preferencialmente produzida por uma equipe multidisciplinar, que poderá, com mais aptidão, fazer a constatação do dano ao meio ambiente.

Diz-se também que o dano ambiental é impessoal ou anônimo, porque não afeta o patrimônio ou a integridade física de pessoas certas, mas os recursos naturais e o equilíbrio ecológico de um ecossistema, afetando o ser humano, de forma difusa, pela diminuição da qualidade ambiental.

---

[109] ALONSO Jr., Hamilton. *Direito fundamental ao meio ambiente e ações coletivas*. São Paulo: Revista dos Tribunais, 2006, p. 54.
[110] MIRRA, Álvaro Luiz Valery. *Ação Civil Pública e a reparação do dano ao meio ambiente*. São Paulo: Juarez de Oliveira, 2002, p. 89.
[111] STEIGLEDER, Annelise Monteiro. *Responsabilidade civil ambiental*: as dimensões do dano ambiental no direito brasileiro. Porto Alegre: Livraria do Advogado, 2004, p. 128.

Refere-se, neste particular, à lesão ao bem ambiental naquela acepção sistêmica já referida.[112]

Um derradeiro enfrentamento quanto à qualificação do dano ambiental refere-se à sua perspectiva passada e à sua projeção futura.

Pela perspectiva do passado, o problema do dano ambiental refere-se ao passivo ambiental que poderá se acumular ou se perpetuar. É o que poderá ocorrer, exemplificativamente, em razão de reiterados danos ambientais de pequena monta, que, considerados individualmente, não chamem a atenção social ou jurídica.

Ocorre que estes pequenos danos, quando repetidos por uma ou mais fontes, poderão acarretar uma danosidade ambiental de maior vulto, que se perpetuam. Tal hipótese é denominada por Steigleder de "danos permanentes ou continuados", que são os "resultantes de um foco de contaminação cuja atividade (única ou periódica) perdura ao longo do tempo, produzindo um dano cada vez maior".[113]

Esta agregação de pequenos danos poderá ocorrer por conta de fontes danosas distintas, de forma progressiva, implicando no acúmulo de diferentes fatores, sendo impossível, inclusive, averiguar qual deles produziu concretamente o dano. Neste sentido, a autora explica que, "isoladamente, nenhuma das fontes poluidoras tem potencialidade lesiva para romper com o equilíbrio ecológico, mas o conjunto de emissões é insustentável, produzindo o que se conhece como contaminação por sinergia. Pode, ainda, ocorrer de um dano progressivo ser o resultado do impacto combinado de uma série de danos permanentes, que têm fontes difusas".[114]

No que toca à projeção de futuro quanto ao dano ambiental, ganha relevo uma abordagem jurídica de prevenção, justamente no sentido de que, diante da complexidade de constatação e das inúmeras variantes envolvendo o dano ambiental, a postura mais adequada é de, sempre que possível, evitá-lo.

Assim, "a percepção da existência de riscos invisíveis inerentes à sociedade de risco e a constatação de que a contingência é a característica mais marcante do período atual, vem contribuindo, sobremaneira, para que haja uma maior valorização do futuro, impondo medidas que não objetivem apenas a tutela *a posteriori* do dano, mas também uma tutela *ante litem*, que visa, sobretudo, a tutela do risco de dano".[115]

---

[112] Neste sentido, SILVA, Danny Monteiro da. *Dano ambiental e sua reparação*. Curitiba: Juruá, 2006, p. 155, e STEIGLEDER, Annelise Monteiro. *Responsabilidade civil ambiental*: as dimensões do dano ambiental no direito brasileiro. Porto Alegre: Livraria do Advogado, 2004, p. 142.
[113] STEIGLEDER, op.cit., p. 151.
[114] Idem, p. 151-152.
[115] SILVA, Danny Monteiro da. Op. cit, p. 164.

Deste modo, tratando-se da projeção futura dos danos ambientais, visando impedir sua ocorrência, há que se tratar com três hipóteses: o dano futuro, o dano potencial e o dano progressivo.[116]

O dano futuro é aquele que terá ocorrência certa, sendo verificável a partir de situações iguais ou semelhantes já ocorridas, levando à conclusão de que será inevitável sua consumação. Nesta perspectiva, sobressai a abordagem preventiva, trabalhando-se com o risco da atividade que acarretará o dano futuro certo, adotando-se medidas para evitar sua concretização ou impondo que o sejam.

O dano futuro progressivo, por conseguinte, decorre da acumulação de fatores, oriundos de um ou mais agentes, aos quais, isoladamente considerados, não se atribui relevância, porquanto de pequena monta, mas que poderão se avolumar e, então sim, caracterizar um dano expressivo. Nesta hipótese, se exige igualmente uma abordagem antecipada, para evitá-lo; mas, como sua ocorrência não é certa, a percepção de sua probabilidade dependerá do bom uso da melhor técnica disponível, inclusive em caso de prova pericial em juízo.

O dano potencial, por sua vez, é aquele de ocorrência apenas provável ou possível, que se pode cogitar a partir do grau de risco de determinada atividade. Neste particular, por se estar abordando hipótese que não ultrapassa o limite da mera probabilidade, naturalmente o Direito tem ainda maior dificuldade de tratá-lo, porquanto, tradicionalmente, só trabalhe com certezas. Contudo, à luz do princípio da precaução, recomendável o recurso à melhor técnica para projeção de eventuais danos, bem como a adoção de medidas proporcionais ao risco elevado, visando mitigar ou evitar eventuais efeitos nefastos.

Por derradeiro, no tocante à dimensão extrapatrimonial do dano ambiental, também denominado dano moral ambiental coletivo, recorre-se à seguinte definição proposta por Mirra: "o dano moral ambiental, como dano coletivo, consiste, em linhas gerais, na dor ou no sentimento de frustração da sociedade decorrente da agressão a um determinado bem ambiental, ao qual a coletividade se sinta especialmente vinculada, seja por laços de afeição, seja por um vínculo de especial respeito. Por exemplo: um determinado monumento especialmente importante para a história de uma certa cidade, cuja destruição possa ofender a memória ou a dignidade do povo daquela localidade; uma praça com árvores centenárias ou um corpo d'água (um lago, uma queda d'água, um córrego, um rio etc.) que define de maneira especial a paisagem de uma certa cidade, cuja degradação possa acarretar grande frustração para a coletividade

---

[116] Neste sentido, STEIGLEDER, Annelise Monteiro. *Responsabilidade civil ambiental*: as dimensões do dano ambiental no direito brasileiro. Porto Alegre: Livraria do Advogado, 2004, p. 142-149 e SILVA, Danny Monteiro da. *Dano ambiental e sua reparação*. Curitiba: Juruá, 2006, p. 163-171.

como um todo. Nesses casos, verificada a ofensa à dignidade do povo ou a ocorrência de sentimento de frustração da comunidade, como reflexo da degradação de um determinado bem ambiental, estará configurado o dano moral ambiental".[117]

Diante das peculiaridades e dimensões do dano ambiental, conclui-se que, ao falar em sua reparabilidade, necessariamente haverá que se levar em conta toda a sua extensão. Deste modo, deverão ser reparados os danos ambientais tanto na dimensão material, "consistente na perda das características essenciais do sistema ecológico impactado e nos prejuízos sofridos indiretamente pelos indivíduos em seus bens, em sua saúde e em outros interesses de ordem privada", quanto na sua dimensão extrapatrimonial.[118]

Em conclusão, diante da complexidade e relevância do bem ambiental anteriormente apresentada, considerando-se ainda as diversas variantes tocantes à lesão ao meio ambiente – a dificuldade de sua verificação e extensão e a problemática tocante à sua recuperação – resta evidente que, na sistemática processual para a responsabilização, prevenção e reparação de danos ambientais, o direito probatório é ponto nuclear. Na resolução dos conflitos jurisdicionalizados, envolvendo o dano ambiental ou sua prevenção, fundamental equacionar questões de fato, da realidade concreta, o que se vincula diretamente à questão probatória e à faceta cognitiva do processo.

1.2.2. Cidadania ambiental: novos contornos democráticos

Neste momento, afastando-nos momentaneamente das particularidades do bem ambiental e das variações quanto ao seu dano, necessário retomar aquelas proposições anteriormente informadas, tocantes à reconstrução do conceito de cidadania. Deste modo, passa-se à análise da relação entre a referida reformulação da compreensão sobre cidadania e o meio ambiente, máxime com sua proteção, como pressuposto para a construção de uma cidadania ambiental, inclusive por derivação da opção de elevação do meio ambiente sadio e equilibrado ao patamar de direito fundamental.

É de se relembrar, primeiramente, aquelas considerações feitas antes, no tocante aos princípios estruturantes do Estado de Direito Ambiental. Naquele tópico, ao tratarmos do princípio da participação, foi enfatizado que a noção de cidadania deve ser dinamizada, ter ampliada sua dimen-

---

[117] MIRRA, Álvaro Luiz Valery. Responsabilidade civil pelo dano ambiental e o princípio da reparação integral do dano. *Revista de Direito Ambiental*, ano 8, n. 32, out.-dez./2003. São Paulo: Revista dos Tribunais, 2003, p. 71.

[118] SILVA, Danny Monteiro da. *Dano ambiental e sua reparação*. Curitiba: Juruá, 2006, p. 119.

são para além dos direitos políticos, ser pensada de forma coletiva e realizada de modo a dar novos moldes à democracia.

É de se realçar, ademais, de acordo com os objetivos deste trabalho, uma especial dimensão referente à reestruturação do conceito de cidadania, tocante à sua ampliação, isto é, deixar de perspectivar a cidadania pelo seu viés restritivo e passivo, relacionado aos direitos perante o Estado. Volta-se agora a atenção à sua dimensão dinâmica, animada por deveres que se tornam especialmente destacados quando vistos pela ótica da preocupação ambiental.

O modelo constitucional brasileiro clara e expressamente atribuiu a toda a coletividade o dever de defender e proteger o meio ambiente. Isto significa, no mínimo, que o cidadão não pode mais adotar uma postura de meramente exigir atuações do Estado no tocante à qualidade ambiental, tampouco satisfazer-se com simples declarações formais de reconhecimento deste direito.

O direito ao meio ambiente sadio e equilibrado, pela sua relevância, não se contenta com o mero reconhecimento. Clama por efetiva proteção e implementação e isto, de acordo com a formatação constitucional brasileira, deve ser realizado pelo Poder Público, mas também, e especialmente, por toda a coletividade.[119]

Antes de discorrer sobre a amplitude do conceito de cidadania ambiental, necessário problematizar. Assim, é de se questionar: como exigir, ou mesmo esperar, que a coletividade assuma e realize tal compromisso, em um País repleto de problemas sociais de toda a ordem? Em outros termos, em um País abarrotado de mazelas, em que os indivíduos tomam grande parte do seu tempo e esforços buscando prover a própria sobrevivência de forma minimamente digna, como esperar ou exigir a realização deste dever? Soma-se a tais questões a própria ignorância quanto à existência de tal dever, ou ainda o desconhecimento do quadro de crise ambiental e, por conseguinte, da importância em se proteger o meio ambiente.

Nalini assim retrata este quadro limitador e, *a priori*, desalentador: "não erra quem disser que todos os problemas brasileiros se resumem a um só: a deficiência na educação. Povo educado sabe se autogovernar e sabe escolher seus governantes. Povo educado reivindica. Povo educado reconhece o valor da natureza, sabe avaliar esse patrimônio que é de todos, inclusive dele mesmo. Povo educado saberia reivindicar maior responsabilidade e efetiva responsabilização de todos aqueles que, obri-

---

[119] Prescreve a Constituição Federal em seu artigo 225 que "Todos têm direito ao meio ambiente ecologicamente equilibrado, bem de uso comum do povo e essencial à sadia qualidade de vida, impondo-se ao Poder Público e à coletividade o dever de defendê-lo e preservá-lo para as presentes e futuras gerações". BRASIL. *Constituição da República Federativa do Brasil de 1988*.

gados a tutelar a natureza, ou dela se descuidam, ou são os primeiros a exterminá-la. Como conseguir a adesão do povo para a proteção ambiental – e a maior parte do povo brasileiro é rústica, não teve acesso à escolaridade formal e continua não incluída no mundo fantástico do consumo – se ele não tem conhecimento sobre o tesouro natural que é de seu uso comum? Assim como o brasileiro acredita que o *público* equivale ao *sem dono*, também não sabe aquilatar a valia da natureza".[120]

A resposta inicial a tais problemas já foi sugerida: educação. Contudo, a precariedade reina no sistema de ensino brasileiro. Recorrendo-se novamente a Nalini, vale transcrever a seguinte passagem: "se a educação ambiental não entra na cogitação do capital, é preciso fazer com que os formadores de opinião o obriguem a assumir suas responsabilidades. A triste realidade é a de que o sistema econômico e social continua a realçar os valores que vão de encontro a uma conservação durável: lucro a curto prazo, ausência de solidariedade com as gerações futuras, etc. É necessário, portanto, integrar o respeito à biodiversidade na educação escolar e extra-escolar. O ensino pode ser um instrumento potente para aumentar a tomada de consciência do público em relação à proteção da biodiversidade, ao formar não só os conhecimentos, mas, da mesma forma, as percepções e as atitudes dos jovens frente à biodiversidade".[121]

Em que pese o sentido das observações feitas apontarem para a importância da educação para a construção e ampliação da cidadania ambiental, esse enfoque não é a tônica deste trabalho.

Quer-se, em outra perspectiva, dar ênfase à enorme gama de cidadãos, isoladamente ou envolvidos em grupos, que tiveram acesso à educação e formaram consciência sobre a temática ambiental. Referimo-nos àqueles sujeitos que, em verdade, não ambicionam desincumbirem-se do dever constitucional e jurídico, mas que, por simples convicção e compromisso ético – assimilação de deveres éticos –, querem exercer o direito de defender e promover o meio ambiente.

Neste sentido vale citar Benjamin, em passagem onde enfatiza a importância da aglutinação de pessoas em uma causa comum: "os diversos grupos intermediários desempenham um importante papel social: o mundo moderno não se compõe "apenas de indivíduos, mas também de grupos"; daí a indispensabilidade de porta-vozes para estes. Os indivíduos seriam "as células componentes do organismo social. Mas, ao mesmo tempo, eles se aglomeram uns aos outros e formam agrupamentos. Cada um destes possui uma certa missão". É no resguardo dessas missões que o Direito deve reconhecer a função social de tais organismos sociais,

---

[120] NALINI, José Renato. *Ética geral e profissional*. São Paulo: Revista dos Tribunais, 2008, p. 473-476.
[121] Idem, p. 477.

garantido-lhes o livre acesso à justiça para defender direitos que estão, muitas vezes, pulverizados entre as diversas "células" que o compõem, direitos esses que nem sempre soa o resultado de simples aglutinação de interesses individuais, exibindo perfil e vida próprios".[122]

Este nível de responsabilidade coletiva alinha-se, inclusive, com um dos requisitos para a formação de um Estado de Direito Ambiental, pois este modelo somente poderá ser realizado "a partir da tomada de consciência global da crise ambiental, em face das exigências, sob pena de esgotamento irreversível dos recursos ambientais, [que impõe] uma cidadania moderna, informada e pró-ativa".[123]

Mirra enfatiza a constante participação popular pelo prisma da renovação da democracia, quando afirma que "trata-se de uma tentativa de gestão racional de determinados setores da vida coletiva, que tem a seu favor não apenas a fé iluminista no valor educativo da participação, mas ainda a convicção da necessidade de busca de novas formas de democracia, adequadas aos progressos e aos riscos da revolução técnico-científica".[124]

Não há como deixar de frisar: o Brasil possui um universo de pessoas – com anseios diferentes, é verdade, mas isso é pluralismo – que efetivamente estão preocupadas com o meio ambiente, sendo que tal preocupação não decorre de um dever jurídico, muito menos institucional. Decorre exclusivamente de terem assimilado o dever ético – absolutamente subjetivo, sem coação ou imposição de qualquer ordem – para com a vida, em todas as suas formas, com qualidade e dignidade ao ser humano, para as presentes e futuras gerações.[125]

Esta gama de cidadãos, que já desenvolvem relevantes trabalhos voltados à tutela do meio ambiente,[126] deve ser prestigiada, o que passa

---

[122] BENJAMIN, Antônio Herman de Vasconcellos e. A insurreição da aldeia global contra o processo civil clássico: apontamentos sobre a opressão e a libertação judiciais do meio ambiente e do consumidor. In *Ação Civil Pública*: Lei 7.347/85 – Reminiscências e Reflexões após dez anos de aplicação). São Paulo: Revista dos Tribunais, 1995, p. 130.

[123] LEITE, José Rubens Morato. Sociedade de risco e Estado. In CANOTILHO, J. J. Gomes; LEITE, José Rubens Morato (organizadores). *Direito constitucional ambiental brasileiro*. São Paulo: Saraiva, 2007, p. 159.

[124] MIRRA, Álvaro Luiz Valery. *Ação Civil Pública e a reparação do dano ao meio ambiente*. São Paulo: Juarez de Oliveira, 2002, p. 136.

[125] Neste mesmo sentido leciona Mirra: "No que concerne às associações civis, cumpre ressaltar que sua relevância decorre, primordialmente, do fato de serem entidades criadas espontaneamente no seio da sociedade, pela vontade e iniciativa diretas de indivíduos e cidadãos, desvinculadas do Estado e livres de qualquer tipo de controle estatal, constituídas com o fim institucional específico de atuar em defesa de um interesse difuso da coletividade". MIRRA, Álvaro Luiz Valery. *Ação Civil Pública e a reparação do dano ao meio ambiente*. São Paulo: Juarez de Oliveira, 2002, p. 138-139.

[126] Segundo Benjamin, "tendo as associações e organismos assemelhados uma tamanha relevância, como caixa de *ressonância* da multidão anônima, que não encontraria, de outra maneira, formas de expressão de seus sentimentos e aspirações, sua atuação, em todos os campos, inclusive o judicial, vem sendo (e deve ser) estimulada. Mas a organização [...] ainda apresenta um outro benefício ex-

pela aceitação de que o Poder Público deve compartilhar responsabilidades e iniciativas, mas, acima de tudo, viabilizar o labor destes cidadãos em prol do meio ambiente.

A viabilização referida, por seu turno, passa pela instituição de instrumentos que possam ser manejados pela coletividade e, muito especialmente, a adequação destes instrumentos às limitações destes grupos e pessoas, como forma tanto de estimular a participação, como de permitir que a proteção do meio ambiente seja concretizada também pela sociedade.

Em outros termos, o que se propõe é a introdução de uma percepção democrática ambiental que "proporcionará uma vertente de gestão participativa no Estado, que estimulará o exercício da cidadania, com vistas ao gerenciamento da problemática ambiental".[127]

Bem lembra Benjamin que são vários os espaços para o exercício da cidadania, máxime em matéria ambiental, campo em que "a participação popular, via associações ou não, pode ser classificada em: a) *administrativa ou participativa* (no Estudo de Impacto Ambiental [...]), b) *legislativa* (iniciativa popular, p. ex.) e, c) *judicial* (ação popular e ação civil pública [...])".[128]

Em que pese tal compromisso já assumido por parcela da sociedade – inclusive participando dos espaços referidos – há que se enfatizar o dever constitucionalmente previsto de defender o meio ambiente. Ocorre que, na seara ambiental, tal ideia de dever é realçada por expressa disposição da Constituição Federal, na medida em que "assevera uma unidade de cooperação, da mesma forma inovadora, que pede um comportamento social ativo do cidadão em face da coletividade e da necessidade de proteção do patrimônio ambiental".[129] A reflexão sobre cidadania ambiental decorre da assunção do direito ao meio ambiente sadio e equilibrado ao nível de direito fundamental, de modo a incluí-lo na esfera dos denominados interesses difusos, isto é, aqueles tocantes a toda coletividade e que, para com o qual, toda a coletividade tem obrigações.

Mirra explica a categoria dos interesses difusos, bem como a inclusão nesta do direito ao meio ambiente sadio e equilibrado, enfatizando que a tutela de tais interesses não é exclusiva do Estado: "o interesse na proteção do meio ambiente passou a ser enquadrado em uma categoria nova, dos

---

tremamente valioso: confere a esses sujeitos vulneráveis a posição de participantes reais do jogo do Direito". BENJAMIN, Antônio Herman de Vasconcellos e. A insurreição da aldeia global contra o processo civil clássico: apontamentos sobre a opressão e a libertação judiciais do meio ambiente e do consumidor. In *Ação Civil Pública*: Lei 7.347/85 – Reminiscências e Reflexões após dez anos de aplicação). São Paulo: Revista dos Tribunais, 1995, p. 131.

[127] LEITE, José Rubens Morato. Sociedade de risco e Estado. In CANOTILHO, J. J. Gomes; LEITE, José Rubens Morato (organizadores). *Direito constitucional ambiental brasileiro*. São Paulo: Saraiva, 2007, p. 161.

[128] BENJAMIN, Antônio Herman de Vasconcellos e. Op. cit., p. 132.

[129] LEITE, José Rubens Morato. Op. cit., p. 162.

denominados *interesses ou direitos difusos*, e, assim, definido e caracterizado como um interesse: a) supra-individual, pertencente a todos os indivíduos da sociedade; b) indivisível, pois a sua satisfação a todos aproveita indistintamente e sua lesão a todos prejudica indiscriminadamente; c) de natureza indisponível; d) mas que não encontra no Estado o detentor do monopólio da sua tutela, já que ele mesmo (Estado) não raras vezes aparece como o responsável direto pela degradação ambiental".[130]

Nesse quadro ganham especial consideração os cidadãos, isoladamente considerados, ou os movimentos da sociedade civil organizada, isto é, associação de moradores, ONG's ou quaisquer grupos que agreguem forças em prol de um objetivo comum, são exemplos dessa nova conformação, cujos integrantes já tomaram consciência dos deveres como cidadãos. Deste modo, para além de exigirem direitos, querem participar, querem contribuir.

De acordo com a perspectiva de ênfase da participação, sublinhando-se sua dimensão de dever, Benjamin apresenta a ampliação da participação popular como um dos benefícios da constitucionalização do meio ambiente, realçando que, "entre tantos outros benefícios substantivos da constitucionalização, é possível ampliar os canais de participação pública, sejam os administrativos, sejam os judiciais, nesse último caso, com o afrouxamento do formalismo individualista, que é a marca da legitimação para agir tradicional. Em alguns casos, conforme a dicção utilizada pelo legislador constitucional, essa legitimação ampliada pode vir a ser automaticamente aceita pelo Poder Judiciário, sem necessidade de intervenção legislativa. É correto e justo dizer que, no Direito moderno, o legislador que atribui o benefício (qualidade ambiental) ou a missão (proteger o meio ambiente, como dever de todos) também distribui, explícita ou implicitamente, os meios e, entre eles, os instrumentos processuais e meios administrativos de participação no esforço de implementação. Logo, é possível extrair da norma reconhecedora da tutela ambiental, como valor essencial da sociedade, um potencial poder processual de participar do processo decisório administrativo ou ingressar em juízo em favor próprio ou de outros co-beneficiários".[131]

Firme a relevância da participação popular pertinente, no afã de reforçar o enfoque que vem sendo empreendido no presente trabalho, especialmente do uso da via jurisdicional como estímulo à prática máxima da cidadania, recorrer-se uma vez mais a Benjamin, quando enfatiza a

---

[130] MIRRA, Álvaro Luiz Valery. *Ação Civil Pública e a reparação do dano ao meio ambiente*. São Paulo: Juarez de Oliveira, 2002, p. 120.

[131] BENJAMIN, Antônio Hermann. Constitucionalização do ambiente e ecologização da constituição brasileira. In CANOTILHO, José Joaquim Gomes; LEITE, José Rubens Morato (organizadores). *Direito constitucional ambiental brasileiro*. São Paulo: Saraiva, 2007, p. 76.

importância da participação pela via jurisdicional: "no plano judicial, as associações trazem para o litigante algo que, no terreno de sua individualidade, com raríssimas exceções, lhe falta: poder de barganha (= poder de negociação), respeitabilidade no jogo bruto do mercado e do processo, superação da relação de dominação e opressão. Somando forças a seus pares na organização coletiva que por todos postula em Juízo, ele ao mesmo tempo se dilui e se agiganta".[132]

O exercício da cidadania ambiental por meio do sistema de justiça, no mesmo passo que cumpre uma função jurídica, tem modernamente a aptidão de cumprir uma função social, eliminando insatisfações e promovendo educação voltada ao exercício e respeito aos direitos, bem como uma função política, justamente de canal para que os cidadãos participem da definição dos destinos da sociedade.[133]

Sarlet e Fensterseifer, sobre o tema, discorrem: "a partir de uma leitura da atuação do Poder Judiciário com base na teoria dos direitos fundamentais e do direito constitucional, a participação através da ação judicial justifica-se também numa perspectiva democrática, já que essa não mais se funda ou pode se fundar o sistema representativo tradicional. As ações judiciais conformam o *direito à participação* inerentes aos direitos fundamentais, permitindo a democratização do poder através da participação popular, que no modelo democrático-participativo, se dá, no caso da ação judicial, de forma direta".[134]

O exposto é suficiente para realçar a importância de uma maximização do conceito de cidadania, no sentido de promover a efetiva participação da sociedade na tutela do meio ambiente, nas diversas instâncias e espaços públicos, buscando o compartilhamento e a cooperação entre a sociedade e o Estado, na medida em que envolvidos, por força da Constituição Federal, em um objetivo comum.

Ademais, em termos constitucionais, sobressai que o pleno exercício da cidadania, pela via da constante e aumentada participação popular em questões envolvendo o meio ambiente, apresenta-se como um dever imposto à coletividade.

Buscou-se, neste tópico, fixar a importância da participação popular nos espaços de proteção e promoção do meio ambiente, destacadamente

---

[132] BENJAMIN, Antônio Herman de Vasconcellos e. A insurreição da aldeia global contra o processo civil clássico: apontamentos sobre a opressão e a libertação judiciais do meio ambiente e do consumidor. In *Ação Civil Pública*: Lei 7.347/85 – Reminiscências e Reflexões após dez anos de aplicação). São Paulo: Revista dos Tribunais, 1995, p. 133.

[133] MIRRA, Álvaro Luiz Valery. *Ação Civil Pública e a reparação do dano ao meio ambiente*. São Paulo: Juarez de Oliveira, 2002, p. 137.

[134] SARLET, Ingo Wolfgang; FENSTERSEIFER, Tiago. O papel do Poder Judiciário brasileiro na tutela e efetivação dos direitos e deveres socioambientais. *Revista de Direito Ambiental*, ano 13, n. 52, out.-dez./2008. São Paulo: Revista dos Tribunais, 2008, p. 96.

pela via jurisdicional, como desdobramento das feições do Estado de Direito Ambiental.

Tal ênfase é dada porquanto, no capítulo seguinte, será tratado especialmente o funcionamento dos instrumentos jurisdicionais de tutela do meio ambiente e, conforme adiante será visto, tais mecanismos propiciam o exercício da participação popular, legitimando os cidadãos a ingressarem em juízo para defender o bem ambiental, naquela dimensão alargada, conforme anteriormente demonstrado.

As premissas até então demonstradas destacam a necessidade de um sistema jurisdicional e seus respectivos instrumentos, moldados de forma tanto a propiciar a efetiva tutela do meio ambiente quanto para viabilizar e incentivar o acesso à justiça por toda a coletividade.

1.3. Síntese do capítulo

Neste primeiro capítulo foi feita inicialmente a contextualização do que se denomina de crise ambiental, como estágio atual caracterizado pelo esgotamento dos recursos naturais em razão do modo de vida humana, pautado no uso indiscriminado e ilimitado do meio ambiente, de acordo com uma lógica utilitarista.

Demonstrou-se que tanto a sociedade quanto o Estado têm conhecimento sobre o apontado quadro de crise e, inclusive, convivem com suas consequências negativas. Não obstante, via de regra, aceitam tais implicações, na medida em que aquele padrão de vida e a produção que deram ensejo à crise vem sendo mantido.

A conceituação do momento atual da sociedade como do risco decorre de que, diferentemente dos perigos, associados a eventos externos e aos quais o ser humano acreditava não participar, existe a percepção atual de que muitos dos efeitos negativos sentidos na atualidade decorrem do esgotamento dos recursos naturais e do uso indiscriminado do meio ambiente, diretamente ligados às atividades humanas.

A manutenção de padrões, mesmo diante da percepção das ameaças que podem advir, caracteriza a sociedade de risco, enquanto estágio da modernidade, em que o ser humano passa a se confrontar com os efeitos negativos das escolhas e opções tomadas ao longo da história. Por conseguinte, esta manutenção de padrões vem a caracterizar o que se denomina de irresponsabilidade organizada.

Enquanto possibilidade ao enfrentamento mais adequado da crise ambiental, com a superação da dita irresponsabilidade organizada, foram apresentados os contornos do que se apresenta como uma conformação estatal mais adequada ao momento atual.

Sugere-se um Estado que adote políticas e que atue de forma preventiva e precaucional, gerindo os riscos ambientais, bem como disponha de um sistema de responsabilidade civil suficientemente hábil tanto para evitar danos ambientais quanto para promover a reparação das lesões ao meio ambiente. Esta nova conformação do Estado deve contar, de forma cooperativa, com uma mais acentuada participação de toda a sociedade, dando-se uma nova acepção à noção de cidadania, o que passa inclusive pela viabilização do exercício da participação em questões envolvendo o meio ambiente.

Após, foi dada ênfase à colocação constitucional do tema do meio ambiente, sua ascensão ao patamar de direito fundamental e, por conseguinte, analisaram-se as peculiaridades do meio ambiente enquanto bem jurídico a ser protegido, com destaque de sua importância às presentes e futuras gerações.

Por fim, fora tratado da questão relacionada ao dano ambiental, suas especificidades e dimensões, bem como realçada a importância do exercício da cidadania em questões envolvendo o meio ambiente, sublinhando-se esta participação pela via jurisdicional.

Pelo primeiro capítulo buscou-se, portanto, apresentar o que se considera o problema e indicar alguns ajustes necessários no Estado para enfrentá-lo.

Buscou-se ser enfático na caracterização do bem ambiental e da importância do exercício da cidadania, uma vez que o capítulo seguinte tratará dos mecanismos jurisdicionais para a tutela do meio ambiente, os quais devem ser moldados de modo a propiciar tanto a efetiva proteção do meio ambiente quanto a incentivar a participação popular pela via destes instrumentos.

Segundo será demonstrado, se o Estado deve assumir novos contornos e incumbências, uma das maneiras de assim fazê-lo será a adequação dos institutos que concernem à atividade jurisdicional, de modo que o processo, enquanto instrumento para acesso à justiça, deve atender à mais adequada responsabilização, em caso de lesão ambiental, promover medidas preventivas e precaucionais e viabilizar o acesso dos cidadãos ao Judiciário.

Estes objetivos servem, portanto, como fundamento e aporte para a reestruturação do processo civil nos casos voltados à tutela do meio ambiente.

Em suma, o processo deve ser ajustado objetivando: efetividade na proteção ambiental e estímulo à cidadania ambiental.

2. Instrumentos jurisdicionais para a tutela do meio ambiente e atuação acentuada do juiz: enfatizando o tema da prova

2.1. Instrumentos jurisdicionais para a tutela do meio ambiente: do processo individualista ao processo ambiental

> *Este é tempo de partido,*
> *Tempo de homens partidos.*
> *Em vão percorremos volumes,*
> *viajamos e nos colorimos.*
> *A hora pressentida esmigalha-se em pó na rua.*
> *Os homens pedem carne. Fogo. Sapatos.*
> *As leis não bastam. Os lírios não nascem*
> *da lei. Meu nome é tumulto, e escreve-se na pedra"*
> (Carlos Drummond de Andrade – Nosso Tempo)

Tudo o que foi enunciado no capítulo anterior está a indicar que houve uma tomada de consciência acerca da importância do bem ambiental e dos riscos que o ameaçam. Esta compreensão, porém, não opera com eficiência. O Estado, diante da percepção de um quadro de crise ambiental, adotou novas posturas e responsabilidades, mas o fez sobretudo no plano legislativo, insculpindo direitos, instituindo ferramentas, firmando compromissos. Tudo ainda abstrato.

A vivência demonstra que a mera declaração de direitos não é suficiente para realizá-los, é preciso instrumentos para tanto. Tais instrumentos, embora postos, igualmente não são suficientes, é preciso manejá-los. O mero uso, da mesma forma, não basta, é preciso saber utilizar.

Saber utilizar os instrumentos disponíveis em um Estado de Direito Ambiental, para a tutela do meio ambiente e promoção da cidadania ambiental – em sua dupla faceta de direito e dever à participação – depende da aceitação cultural geral da premência em prestigiar este direito fundamental.

Ocorre que instrumentos não bastam. Eles devem ser utilizados para uma finalidade e, percebendo-se que o mero uso não é suficiente, é preciso repensá-los, adequá-los.

É neste sentido que se pretende seguir, no capítulo que se inicia, quando será retratado o processo civil, tido como o instrumento por excelência para a tutela dos direitos e, nesta senda, tratar suas peculiaridades no que toca à tutela jurisdicional do meio ambiente, sobretudo sob o prisma probatório.

2.1.1. Crise e perspectivas do processo civil

Assente a percepção da crise ambiental, conforme tratado no capítulo anterior, a ensejar novas posturas estatais para a proteção ambiental e, por conseguinte, promoção do direito fundamental ao meio ambiente sadio e equilibrado. Demonstrada, da mesma forma, a importância de se incentivar a prática da cidadania, especialmente no que toca ao meio ambiente.

Este segundo capítulo volta-se a estudar uma das dimensões concernentes à tutela do meio ambiente: a tutela pela via jurisdicional.

Para tanto, conforme se passa a demonstrar, primaz a constante reformulação dos elementos que envolvem a jurisdição e, principalmente, seu instrumento, o processo.

Frente a uma sociedade dita de risco, que clama por uma nova postura estatal, que inclusive já está formalmente estabelecida no caso brasileiro, há que se analisar uma particular faceta do Estado, em outras palavras, uma das manifestações do poder estatal: a jurisdição.

Segundo Marinoni e Arenhart, a jurisdição, como atuação estatal de criação da norma individual para o caso concreto, "afirma a vontade espelhada na norma de direito material, a qual deve traduzir – já que deve estar de acordo com os fins do Estado – as normas constitucionais que revelam suas preocupações básicas".[135]

Na lição de Dinamarco, enquanto manifestação do poder do Estado, a jurisdição deverá ser direcionada à concretização das finalidades assumidas pelo próprio Estado e, "em face das cambiantes diretrizes políticas

---

[135] MARINONI, Luiz Guilherme; ARENHART, Sérgio Cruz. *Manual do processo de conhecimento*. São Paulo: Revista dos Tribunais, 2006, p. 37.

que a História exibe, os objetivos que a animam consideram-se também sujeitos a essas mesmas variações".[136]

Se o Estado, ao assumir novos compromissos em nível constitucional, ganha a feição, primeiro, de Estado Social e, atualmente, na forma anteriormente apresentada, de Estado de Direito Ambiental, avocando novas incumbências, tal virada repercute na atividade jurisdicional, enquanto estrutura estabelecida para a concretização e efetivação dos direitos.

Segundo Benjamin, "o processo civil e o Direito material são, pois, vítimas casadas dessas grandiosas transformações. Um e outro, como irmãos siameses, pedem uma postura cirúrgica-reparadora concomitantemente. Se é correto, na arguta observação de José Carlos Barbosa Moreira, que 'nenhuma *revolução* puramente processual é suscetível, por si só, de produzir, na estrutura jurídico-social, modificações definitivas', também é exato que, sem uma insurreição no processo tradicional, qualquer alteração, por profunda que seja, no Direito material não passará de uma cortina de fumaça a esconder e perpetuar as injustiças e desmandos do individualismo arcaico".[137]

Indo mais a fundo constata-se a consequência lógica de que o meio pelo qual o Estado concretiza e efetiva os direitos, isto é, o processo, também deve ser reciclado, para ajustar-se a este novo quadro. O funcionamento do sistema processual só se justifica na medida em que atenda às expectativas geradas na nação pela ordem constitucional, pois, "a tomada de consciência teleológica tem, portanto, o valor de possibilitar o correto direcionamento do sistema e adequação do instrumental que o compõe, para melhor aptidão a produzir resultados".[138]

Diante do contexto que se apresenta, é uniforme a crítica ao modelo tradicional de processo civil. De um lado, em razão da ausência de compromisso com sua efetividade, primando pela segurança jurídica; de outro, porque seus moldes são incapazes de proporcionar a tutela dos direitos na contemporaneidade.

Segundo Abelha, a preocupação com a segurança jurídica historicamente dominou a ciência processual, uma vez que a questão do tempo do processo e do abuso no exercício das faculdades processuais não afetavam significativamente sua efetividade, especialmente pelo fato de o processo tradicional envolver e ser dirigido a partes bem individualizadas. Ademais, o processo era concebido sob influências individualistas, sob

---

[136] DINAMARCO, Cândido Rangel. *A instrumentalidade do processo*. São Paulo: Malheiros, 2003, p. 182.

[137] BENJAMIN, Antônio Herman de Vasconcellos e. A insurreição da aldeia global contra o processo civil clássico: apontamentos sobre a opressão e a libertação judiciais do meio ambiente e do consumidor. In *Ação Civil Pública*: Lei 7.347/85 – Reminiscências e Reflexões após dez anos de aplicação). São Paulo: Revista dos Tribunais, 1995, p. 73.

[138] DINAMARCO, Cândido Rangel. *A instrumentalidade do processo*. São Paulo: Malheiros, 2003, p. 183.

um manto de igualdade formal, de modo que qualquer tentativa de se implantar técnicas diferenciadas às partes estimularia suspeitas de ofensa à igualdade, logo, à segurança jurídica, pressuposto que estava no âmago das preocupações do direito processual.[139]

A complexidade da sociedade atual não autoriza mais esta visão. Exige-se agora uma ciência processual que inspire um processo dinâmico, atento e adaptado a esta nova conjuntura, que prime não exclusivamente pela segurança jurídica, mas pela efetividade da prestação jurisdicional, em um compromisso de concreção do direito material.

Como antes se fez ao analisar as dimensões dos direitos fundamentais, é preciso localizar no tempo e espaço a evolução do pensamento processual, uma vez que a assimilação de outras exigências sociais reflete-se na estrutura do processo. Isso, aliás, já abre caminho para perspectivar a importância do objeto deste trabalho, pois a prova era e continua sendo a base sobre a qual o juízo de cognição se debruça para alcançar a solução da lide e também, nesta área, novos ventos sopram, exigindo que a técnica processual seja repensada.

Esta orientação aponta para o rompimento com as concepções sincrética e autonomista da ciência processual, rumo a uma abordagem instrumental.

As concepções que se pretendem superadas – que, a par da crítica, têm grande importância, pois serviram para a fundação da ciência jurídico-processual[140] – estavam atreladas ao modelo de Estado essencialmente liberal, por conseguinte, ligado à denominada primeira dimensão de direitos, preocupada com as liberdades em face do Estado. Este modelo, nem de longe superado, é uma marca ideológica profunda ainda hoje, donde se pode explicar a dificuldade de se aplicar um novo modelo processual.

O sincretismo jurídico, aberto ao princípio dispositivo e à plena disponibilidade das situações jurídico-processuais, caracteriza-se pela "confusão entre os planos substancial e processual do ordenamento estatal".[141] Já a proposição autonomista andava em sentido radicalmente contrário, asseverando a desvinculação do direito processual em relação ao direito material, de onde emergia seu caráter abstrato.

Esses momentos de maturação da ciência jurídico-processual estão fortemente arraigados pelas influências das circunstâncias históricas do momento em que foram desenvolvidos. É o nascimento do liberalismo, na onda iluminista e racionalista.

---

[139] ABELHA, Marcelo. *Ação civil pública e meio ambiente*. Rio de Janeiro: Forense Universitária, 2004, p. 7.

[140] DINAMARCO, Cândido Rangel. *A instrumentalidade do processo*. 11ª ed., São Paulo: Malheiros, 2003, p. 18-22.

[141] Idem, p. 18.

Segundo Wolkmer, no século XVIII, inicia-se "um processo histórico vigoroso de ruptura, liberalização e criatividade, que deslocaria a cultura jurídica como instrumento a serviço do despotismo esclarecido para expressar o ideário liberal-individualista e constitucional".[142]

Destaca-se no período um movimento de menos Estado e mais valorização do homem, forte na certeza de sua racionalidade.

O Estado liberal clássico buscava, como visto, a "rígida limitação dos seus poderes de intervenção na esfera jurídica privada".[143] No que toca à ciência processual, o modelo que então se constrói é fortemente influenciado por esta premissa, logo, tal como o Estado, a jurisdição e o processo são marcados por esta passividade. Deste modo, o ordenamento jurídico era visto de forma planificada, a ação entendida como direito subjetivo lesado, jurisdição, como sistema de tutela aos direitos, e o processo não passava de uma sequência de atos inflexíveis. Daí, nada mais do que um conjunto de formas meramente ritualísticas para se apontar o direito, tendo o juiz uma postura estática, não participativa.[144]

A virada neste modelo é apontada por Cappelletti e Garth na ascensão do Estado Social que, ao assumir uma postura de reconhecimento dos direitos e deveres sociais, compromete-se a tornar acessíveis os direitos proclamados, donde emerge a noção de acesso à justiça, compreendido como "requisito fundamental de um sistema jurídico moderno e igualitário que pretenda garantir, e não apenas proclamar os direitos de todos".[145]

Este novo momento da ciência processual traz consigo a compreensão do processo como instrumento, isto é, como técnica direcionada à consecução de objetivos delineados pelo momento civilizatório alcançado e pelas finalidades do Estado expressas na Constituição. De forma alguma a técnica pela técnica, como ditava a fase autonomista. Perdeu-se em definitivo a ilusão de que a sociedade é constituída por iguais perante a lei, abrindo espaço para a visualização de que, para "cada tipo de crise jurídica levada ao Poder Judiciário, existe um tipo específico de técnica processual a ser utilizada, e cabe ao jurisdicionado valer-se daquela que seja *adequada* (eficiente e efetiva) à tutela de seu direito".[146]

A técnica passa a ser vista como organização de mecanismos destinados à obtenção de certos resultados ou, como leciona Dinamarco, "a

---

[142] WOLKMER, Antonio Carlos. *Síntese de uma história das idéias jurídicas: da antiguidade à modernidade.* Florianópolis: Fundação Boiteux, 2006, p. 150.

[143] MARINONI, Luiz Guilherme. *Técnica processual e tutela dos direitos.* São Paulo: Revista dos Tribunais, 2004, p. 36.

[144] DINAMARCO, Cândido Rangel. *A instrumentalidade do processo.* 11ª ed., São Paulo: Malheiros, 2003, p. 18.

[145] CAPPELLETTI, Mauro; GARTH, Bryant. *Acesso à justiça.* Trad. Ellen Gracie Northfleet. Porto Alegre: Fabris, 1988, p. 10-12.

[146] ABELHA, Marcelo. *Processo civil ambiental.* São Paulo: Revista dos Tribunais, 2008, p. 52.

técnica está a serviço da eficiência do instrumento, assim como este está a serviço dos objetivos traçados pelo homem e todo o sistema deve estar a serviço deste".[147]

Destas considerações percebe-se a necessidade de adequação da técnica ou, em outros termos, da instituição de técnicas diferenciadas capazes de atenderem as especificidades do direito material em situação de conflito. Esta adequação é decorrência do princípio do devido processo legal, que dita a necessidade de se oferecer ao cidadão um processo justo e equitativo. Trata-se de incumbência do legislador "captar as peculiaridades do direito material e prever, abstratamente, as regras processuais que com elas sejam consentâneas e adequadas para se obter o acesso à *ordem jurídica justa*".[148]

Neste sentido, como já visto em outro momento, o quadro dos direitos vem sendo ampliado na sociedade moderna, com o reconhecimento dos chamados direitos de terceira dimensão, caracterizados pela solidariedade e pela transindividualidade. Tais mudanças no plano do direito material tornaram necessária a criação de mecanismos processuais capazes de atender este novo panorama dos direitos, "sob pena de eliminar-se do sistema a própria categoria dos *novos direitos*", motivo pelo qual exigiu-se que o processo civil fosse remodelado para atender adequadamente às necessidades da sociedade contemporânea.[149]

Estes novos direitos surgem em um espaço de "profundas e muitas vezes alarmantes transformações, das quais emergiu a sociedade contemporânea", uma sociedade de massa, marcada pelo consumismo e pela economia de massa padronizada e globalizada, que exige um "processo civil de massa, *solidarista, comandado por juiz bem consciente da missão interventiva do Estado na ordem econômico-social e na vida das pessoas*".[150]

Neste ambiente de novos direitos, emerge o meio ambiente sadio e ecologicamente equilibrado, como direito de terceira dimensão, o qual não tem como destinatário específico a proteção dos interesses de um indivíduo, de um grupo ou de um determinado Estado, mas, sim, tem como "primeiro destinatário o gênero humano mesmo, num momento expressivo de sua afirmação como valor supremo em termos de existência concreta".[151]

---

[147] DINAMARCO, Cândido Rangel. *A instrumentalidade do processo*. São Paulo: Malheiros, 2003, p. 274.

[148] ABELHA, Marcelo. *Processo civil ambiental*. São Paulo: Revista dos Tribunais, 2008, p. 53.

[149] MARINONI, Luiz Guilherme; ARENHART, Sérgio Cruz. *Manual do processo de conhecimento*. São Paulo: Revista dos Tribunais, 2006, p. 720.

[150] MILARÉ, Édis. *Direito do ambiente*: doutrina, jurisprudência e glossário. São Paulo: Revista dos Tribunais, 2005, p. 919.

[151] BENJAMIN, Antônio Herman de Vasconcellos e. Constitucionalização do ambiente e ecologização da constituição brasileira. In CANOTILHO, José Joaquim Gomes; LEITE, José Rubens Morato (organizadores). *Direito constitucional ambiental brasileiro*. São Paulo: Saraiva, 2007, p. 103.

O meio ambiente, considerado enquanto macrobem, identifica-se por sua complexidade, conforme visto anteriormente, e este bem, uma vez violado, implica um dano igualmente complexo.

A este direito material, de matizes diferenciados, há que se apresentar um direito processual adequado e apto a tutelá-lo, pois de nada adiantaria "o direito material consagrar os princípios que norteiam o Direito Ambiental se eles não pudessem ser reivindicados em juízo", uma vez que "o acesso à justiça é, pois, requisito indispensável à defesa do meio ambiente".[152]

A instituição de mecanismos judiciais, para a defesa do meio ambiente, deve ser encarada como meio de efetivação da cidadania em matéria ambiental. Com efeito, "os direitos fundamentais de terceira dimensão têm como um dos pilares para sua efetivação a participação popular por meio do exercício da cidadania", especialmente pelo fato de que tais direitos são difusos.[153]

O ordenamento brasileiro possui uma importante gama de instrumentos para a defesa do meio ambiente,[154] sendo de se destacar, para os fins deste trabalho, a Ação Popular e a Ação Civil Pública. Não obstante os avanços representados pela previsão destes mecanismos de acesso à justiça para tutela de direitos difusos e coletivos, inclusive a do bem ambiental, a conformação jurídica atual não atende satisfatoriamente os fins almejados.

De fato, a prática mostra que a instituição destes instrumentos, bem como a legitimação de cidadãos ou entidades da sociedade civil para propô-los, não acarreta a acessibilidade à justiça ou mesmo sua efetividade.

Tendo por base raciocínio semelhante, Benjamin adverte que é uma dificuldade comum a vários países o descompasso entre os avanços do direito material e as deficiências do aparato processual para uma tutela adequada, alertando que a solução não passa apenas pela atividade legiferante, mas é, "primordialmente, uma 'questão cultural', associada à forma como os sujeitos se enxergam reciprocamente e vêm os bens comunais que os cercam".[155]

---

[152] FREITAS, Vladimir Passos de. *A Constituição Federal e a efetividade das normas ambientais*. São Paulo: Revista dos Tribunais, 2005, p. 35.

[153] OLIVEIRA, Flávia de Paiva Medeiros de; GUIMARÃES, Flávio Romero. *Direito, Meio Ambiente e Cidadania*: uma abordagem interdisciplinar. São Paulo: Madras, 2004, 105-106.

[154] FREITAS, Vladimir Passos de. Op. cit., p. 35.

[155] BENJAMIN, Antônio Herman de Vasconcellos e. A insurreição da aldeia global contra o processo civil clássico: apontamentos sobre a opressão e a libertação judiciais do meio ambiente e do consumidor. In Ação Civil Pública: Lei 7.347/85 – Reminiscências e Reflexões após dez anos de aplicação). São Paulo: Revista dos Tribunais, 1995, p. 80.

Mais adiante, o mesmo autor complementa que "é sempre útil não perder de vista que os defeitos existentes no modelo atual de acesso à justiça para bens e sujeitos particularmente vulneráveis são verdadeiramente *estruturais* (inclusive de fundo cultural, já vimos), herança de uma ordem econômica em conflito com aquela adotada pelas Constituições modernas".[156]

Tais ressalvas implicam na constatação de que, após a instituição de mecanismos jurisdicionais diferenciados de acesso à justiça, focados em novos direitos, necessário um ajuste cultural a tais novidades. Em outros termos, não basta a introdução de inovações, havendo a necessidade de manejá-las de acordo com o espírito e atendo às finalidades que foram constituídas.

Instrumentos jurisdicionais voltados à facilitação do acesso à justiça e focados na eficiente tutela e promoção dos direitos difusos e coletivos não podem ser orquestrados, em suas especificidades, de acordo com os padrões do processo tradicional e individualista que se propôs fosse superado. Via de consequência, cada um dos institutos pontuais do processo devem ser vistos com novo olhar, inclusive toda a questão pertinente ao direito probatório, com o escopo de facilitar a materialização desses direitos.

Sobre o mesmo assunto (insuficiência da mera instituição de mecanismos jurisdicionais diferenciados), vale acompanhar a ressalva feita por Cappelletti e Garth – porquanto pareça bastante atual – ao destacar que quaisquer reformas, por mais sofisticadas que aparentem ser, sempre são algo potencial, necessitando ser ajustadas à realidade, o que implica, inclusive, vencer as tradicionais oposições a estas inovações, geralmente expressas em interpretações equivocadas dos avanços.[157]

O simples fato de terem sido instituídos mecanismos, para a tutela judicial do meio ambiente, não proporciona automaticamente uma adequada tutela desse bem, tampouco garante a observância ao princípio do meio ambiente ecologicamente equilibrado.

Acompanhando o argumento de Cappelletti e Garth, há que se ajustar as inovações à realidade e, principalmente, vencer oposições a estes novos modelos.

Sem desprezar que a Ação Popular e a Ação Civil Pública representaram um importante marco no cenário processual brasileiro, viabili-

---

[156] BENJAMIN, Antônio Herman de Vasconcellos e. A insurreição da aldeia global contra o processo civil clássico: apontamentos sobre a opressão e a libertação judiciais do meio ambiente e do consumidor. In *Ação Civil Pública*: Lei 7.347/85 – Reminiscências e Reflexões após dez anos de aplicação). São Paulo: Revista dos Tribunais, 1995, p. 81.

[157] CAPPELLETTI, Mauro; GARTH, Bryant. *Acesso à justiça*. Trad. Ellen Gracie Northfleet. Porto Alegre: Fabris, 1988, p. 161 e ss.

zando uma atuação antes não cogitada, há que se reconhecer que ambos os diplomas não carregam, de forma significativa, uma regulamentação diferenciada para o direito probatório, pois remetem ao individualista e liberal Código de Processo Civil.

Neste passo, um trato diferenciado da técnica probatória se impõe. Valendo-se da lição de Abelha, de que o processo serve para a solução de conflitos e, assim, promover o fenômeno político da pacificação social, a prova aparece como mecanismo fundamental para o alcance desta paz social, posto que esta é pressuposto para a formação da coisa julgada.[158]

Em outros termos, assevera Abelha que "não se pode negar que a prova no processo tem uma força capital, qual seja, de único instrumento legitimador da coisa julgada ou, em outras palavras, é a prova e especialmente a convicção que dela resulta que servem como real elemento para a coincidência da verdade formal e da verdade real".[159]

De acordo ainda com as ponderações de Cappelletti e Garth, tem-se que a assimilação e aceitação dos novos instrumentos e, principalmente, da complexidade do bem ambiental e da relevância do direito ao meio ambiente ecologicamente equilibrado apresentam-se como algo imperativo.

Para os limites deste trabalho dá-se destaque à apreciação do modo como ocorre a recepção destes institutos e, especialmente, a forma como são tratados pelos responsáveis pela entrega da prestação jurisdicional.

No trato de ações relacionadas à tutela do meio ambiente, uma perspectiva publicista do processo[160] impõe maior atuação e controle do processo pelo juiz.[161] Deve o magistrado buscar promover "a mais rápida e adequada solução dos litígios instaurados, notadamente por envolverem interesse de natureza indisponível, reconhecido como direito humano fundamental".[162]

Esta maior atuação do juiz assume especial relevância no que concerne aos poderes instrutórios, devendo o magistrado "tomar todas as medidas que estiverem ao seu alcance, aptas ao esclarecimento da verdade sobre os fatos da causa".[163]

---

[158] ABELHA, Marcelo. *Ação civil pública e meio ambiente*. Rio de Janeiro: Forense Universitária, 2004, p. 190
[159] Idem, p. 128.
[160] DINAMARCO, Cândido Rangel. *A instrumentalidade do processo*. São Paulo: Malheiros, 2003, p. 50.
[161] Vale a seguinte ressalva: não se está fazendo referência a uma inadmissível atuação de ofício pelo magistrado, ou que, ao ser participativo, substitua as incumbências das partes.
[162] MIRRA, Álvaro Luiz Valery. *Ação Civil Pública e a reparação do dano ao meio ambiente*. São Paulo: Juarez de Oliveira, 2002, p. 236.
[163] Idem, p. 238.

Neste contexto, é importante referir que o estudo do processo civil no atual estágio não pode ser dissociado da análise do texto constitucional, que, a par de sua proeminência na estratificação do ordenamento, contém comandos diretos a respeito do tema, de modo que "o direito fundamental de acesso à justiça irradia seus efeitos por todo o processo, na medida em que o entendemos como o instrumento apto à realização de direitos fundamentais.[164]

Oliveira aprofunda esta abordagem, indicando o processo e a jurisdição como veículos para o "direito constitucional aplicado", voltados à realização de valores, aduzindo que "aqui não se trata mais, bem entendido, de apenas conformar o processo às normas constitucionais, mas também de empregá-las no próprio exercício da função jurisdicional, com reflexo direto no seu conteúdo, naquilo que é decidido pelo órgão judicial e na maneira como o processo é por ele conduzido".[165]

Ao que foi dito soma-se a garantia de acesso à justiça constitucionalmente prevista,[166] tida não como mero acesso formal, no sentido de disponibilidade de acesso,[167] mas no sentido de que esta norma "garante a todos o direito a uma prestação jurisdicional efetiva".[168] Em outros termos, não é suficiente "abrir a porta de entrada do Poder Judiciário, mas também prestar jurisdição tanto quanto possível eficiente, efetiva e justa, mediante um processo sem dilações e formalismos excessivos".[169]

Esta percepção abrangente sobre acesso à justiça sugere que "para que haja o efetivo acesso à justiça é indispensável que o maior número de pessoas seja admitido a demandar e a defender-se adequadamente; mas, para a integralidade do acesso à justiça, é preciso isso e muito mais. O acesso à justiça é, pois, a idéia central a que converge toda a oferta

---

[164] GODINHO, Robson Renault. *A distribuição do ônus da prova na perspectiva dos direitos fundamentais*. In CAMARGO, Marcelo Novelino (org.). *Leituras complementares de direito constitucional: direitos fundamentais*. Salvador: *Jus Podivm*, 2007, p. 294. Ainda neste sentido, DINAMARCO, Cândido Rangel. *A instrumentalidade do processo*. São Paulo: Malheiros, 2003, p. 33 e ss., *verbis*: "É natural que, como instrumento, o sistema processual guarde *perene* correspondência com a ordem constitucional a que serve, inclusive acompanhando-a nas mutações por que ela passa. [...] O processo que nos serve hoje há de ser o espelho e a salvaguarda dos valores individuais e coletivos que a ordem constitucional vigente entende de cultuar. [...] Por isso é que o processo nos Estados ocidentais de hoje, marcados pelo cunho social e legalista, há de oferecer também em si mesmo a garantia da legalidade processual [...] e ser dotado de meios aptos a promover a igualdade e garantir a liberdade".

[165] OLIVEIRA, Carlos Alberto Alvaro de. *O processo civil na perspectiva dos direitos fundamentais*. Revista de Direito Processual Civil, n. 26, out.-dez./2002. Curitiba: Genesis, 2002, p. 654.

[166] BRASIL. *Constituição da República Federativa do Brasil de 1988*, artigo 5º, inciso XXXV, *verbis*: "a lei não excluirá da apreciação do Poder Judiciário lesão ou ameaça de direito".

[167] CAPPELLETTI, Mauro; GARTH, Bryant. *Acesso à justiça*. Tradução Gracie Northfleet. Porto Alegre: Fabris, 1988, p. 9

[168] MARINONI, Luiz Guilherme. *Técnica processual e tutela dos direitos*. São Paulo: Revista dos Tribunais, 2008, p. 140.

[169] OLIVEIRA, Carlos Alberto Alvaro de. Op. cit., p. 658.

constitucional e legal desses princípios e garantias. Assim, (a) oferece-se a mais ampla *admissão de pessoas e causas* ao processo (universalidade da jurisdição), depois (b) garante-se a todas elas a observância das regras que consubstanciam o *devido processo legal*, para que (c) possam participar intensamente da formação do convencimento do juiz que irá julgar a causa (princípio do *contraditório*), podendo exigir dele a (d) efetividade de uma *participação em diálogo* –, tudo isso com vistas a preparar uma solução que seja justa, seja capaz de eliminar todo resíduo de insatisfação".[170]

Considerada a efetiva participação da parte para preparar uma solução justa, na forma referida como um dos desdobramentos do direito de acesso à justiça, há que se problematizar a produção e apreciação das provas no processo envolvendo matéria ambiental. Não basta admitir a participação por meio da legitimidade, tampouco garantir o princípio do devido processo legal conforme as regras legais vigentes. É preciso avançar na compreensão das possibilidades existentes no sistema, a partir de uma releitura dos institutos já aceitos – como a inversão do ônus da prova – para que o contraditório seja enriquecido e se alcance uma prestação jurisdicional eficiente e adequada, consentânea com a Constituição Federal. Isso porque a possibilidade de produzir prova tem relevância direta no resultado do processo e, por conseguinte, na realização deste direito, "na medida em que é o meio disponível para o convencimento do juiz e para a tutela do direito lesionado ou ameaçado de lesão".[171]

2.1.2. Delineamentos das ações judiciais para a tutela do meio ambiente

No tópico anterior foi demonstrado que o processo civil vem passando por uma significativa remodelação, tanto em sede legislativa quanto pela doutrina e pela jurisprudência, no sentido de sua conformação à efetiva realização da justiça.

Dando continuidade lógica ao raciocínio e direcionamento ao enfoque principal deste trabalho, pertinente contextualizar a evolução dos instrumentos jurisdicionais de tutela dos direitos difusos e coletivos, enquanto desdobramento do movimento de acesso à justiça. Em seguida serão apresentadas as ferramentas disponibilizadas na sistemática processual brasileira no que toca à tutela de direitos difusos e coletivos e,

---

[170] DINAMARCO, Cândido Rangel; CINTRA, Antonio Carlos de Araújo; GRINOVER, Ada Pellegrini. *Teoria Geral do Processo*. São Paulo: Malheiros, 2008, p. 39-40.

[171] GODINHO, Robson Renault. A distribuição do ônus da prova na perspectiva dos direitos fundamentais. In CAMARGO, Marcelo Novelino (org.). Leituras complementares de direito constitucional: direitos fundamentais. Salvador: Jus Podivm, 2007, p. 295-296.

ao final, tratar-se-á de forma particularizada da Ação Popular e da Ação Civil Pública.

O movimento de acesso à justiça, cuja dimensão atual, ampliada, restou anteriormente assentada, evoluiu com a superação de obstáculos e com a instituição de mecanismos para viabilizá-lo.

Cappelletti e Garth descrevem esta evolução ao retratarem, em um primeiro momento, a superação das barreiras que se estabelecem às pessoas carentes. Neste sentido, limitações financeiras dos indivíduos para arcar com custas e despesas processuais, bem como limitações quanto à aptidão da pessoa para reconhecer um direito e então buscar sua tutela junto ao Judiciário – decorrente do desconhecimento da lei, baixa instrução, inacessibilidade técnica – foram atenuadas com a instituição da assistência judiciária aos pobres, a reforma de procedimentos judiciais conforme peculiaridades do direito material e a implementação de mecanismos alternativos de resolução de conflitos.[172]

Esta primeira onda de acesso à justiça, como se nota, está particularmente voltada a viabilizar o acesso a pessoas com menores ou sem condições técnicas e financeiras para recorrer ao sistema jurisdicional. Não obstante reflita a tendência a universalizar a jurisdição, para os fins deste estudo, dá-se ênfase ao que Cappelletti e Garth denominam de um "segundo grande movimento no esforço de melhor acesso à justiça", referente ao enfrentamento dos problemas tocantes aos interesses difusos, "assim chamados os interesses coletivos ou grupais, diversos daquele dos pobres".[173]

Ocorre que, assim como na situação de acesso a pessoas pobres, também no tocante ao acesso à tutela de direitos difusos e coletivos, houve e há barreiras. Benjamin, com propriedade, aponta que os fatores que impedem o acesso à justiça no que toca aos direitos difusos e coletivos decorre de duas ordens, a saber: barreiras objetivas e subjetivas. Tais elementos são assim caracterizados: "as barreiras objetivas relacionam-se, basicamente, com os custos inerentes ao processo, o valor muitas vezes ínfimo (quando apreciado isoladamente) do dano ambiental ou de consumo, a distância entre o órgão de tutela (seja judicial ou administrativo) e o local da residência do sujeito tutelado, a disponibilidade de tempo deste, a lentidão da justiça, os riscos do processo, enfim. Já as barreiras subjetivas dizem respeito aos óbices psicológicos inerentes à posição de inferioridade do sujeito tutelado perante o todo poderoso fornecedor ou degradador (desigualdade econômica, informativa ou tecnológica); nessa categoria também se inclui o desconhecimento da lei e dos direitos dela

---

[172] CAPPELLETTI, Mauro; GARTH, Bryant. *Acesso à justiça*. Tradução Gracie Northfleet. Porto Alegre: Fabris, 1988.
[173] Idem, p. 49.

decorrentes, sem falar da ignorância acerca do próprio juízo competente; agregue-se a isso o esoterismo da linguagem processual-forense, o formalismo do tratamento pessoal, o caráter solene da prestação jurisdicional, tudo contribuindo para o aviltamento psicológico do autor-potencial".[174]

Postas estas considerações problematizadoras, de necessária superação – quando se parte da premissa de que o acesso à justiça é um importante veículo para o exercício da cidadania, máxime em matéria ambiental – o que se verifica na evolução desta concepção é a busca de facilitação de acesso à população em geral, aos cidadãos, inclusive para que possam honrar o dever previsto no artigo 225 da Constituição Federal. Neste particular, especialmente aquele público que mais sofre com as barreiras subjetivas e objetivas anteriormente declinadas.

Tendo em conta estas barreiras, percebeu-se que a concepção tradicional de processo civil e do papel do Poder Judiciário não estão aptas para tratar as demandas envolvendo interesses difusos e coletivos, quando propostas por particulares. Como decorrência desta acepção, diversas questões relacionadas ao processo passam a ser revistas, tais como, a coisa julgada e, especialmente, a legitimidade ativa, "permitindo que indivíduos ou grupos atuem em representação dos interesses difusos".[175]

Nesta senda tem-se como marco expressivo a *class action* do direito Norte Americano, com referências equivalentes em outros países, pela qual se torna possível que uma ou mais pessoas acionem o Judiciário tanto em nome próprio quanto dos demais indivíduos que tenham interesses semelhantes.[176] Neste particular, vale a ressalva de que tal hipótese representa significativo rompimento com a lógica processual civil clássica, pela qual, via de regra, apenas o próprio interessado poderia postular em juízo a tutela de seu direito.

Verifica-se, pelo advento da *class action*, que tanto as barreiras subjetivas quanto as objetivas referidas alhures podem restar superadas, na medida em que um grupo (classe) pode ser representado judicialmente por uma ou mais pessoas para promoção da tutela de direitos inerentes

---

[174] BENJAMIN, Antônio Herman de Vasconcellos e. *A insurreição da aldeia global contra o processo civil clássico: apontamentos sobre a opressão e a libertação judiciais do meio ambiente e do consumidor*. In Ação Civil Pública: Lei 7.347/85 – Reminiscências e Reflexões após dez anos de aplicação). São Paulo: Revista dos Tribunais, 1995, p. 108.

[175] CAPPELLETTI, Mauro; GARTH, Bryant. *Acesso à justiça*. Tradução Gracie Northfleet. Porto Alegre: Fabris, 1988, p. 49-50.

[176] "Pela via da *class action* (na Inglaterra, *representative action*; em Québec, *recours* collectif; na França, *action de groupe*; e, no Brasil, *ação civil pública para tutela de interesse individual homogêneo*), um ou mais sujeitos podem acionar ou serem acionados em seu próprio nome e de outros que tenham interesses assemelhados". Neste sentido, BENJAMIN, Antônio Herman de Vasconcellos e. A insurreição da aldeia global contra o processo civil clássico: apontamentos sobre a opressão e a libertação judiciais do meio ambiente e do consumidor. In *Ação Civil Pública*: Lei 7.347/85 – Reminiscências e Reflexões após dez anos de aplicação). São Paulo: Revista dos Tribunais, 1995, p. 120.

a todos os membros da classe. Como decorrência, uma violação de direito, isoladamente ínfima, inclusive tornando desproporcional o recurso ao Poder Judiciário para debatê-la, ganha monta quando somada às violações individuais de direitos por todos os membros da classe. No mesmo sentido tornam-se superáveis as limitações decorrentes da distância e de tempo, já que aquela coletividade tem a faculdade de viabilizar o acesso por meio do seu representante.

Tal hipótese resta clara ao se considerar, por exemplo, uma associação de moradores de bairro. Admita-se que cada habitante isolado venha a ser prejudicado pelos efeitos dos danos ambientais decorrentes de um empreendimento que nele se instale, tal como uma indústria, importando em prejuízo à qualidade do ar ou da água. Nesta situação, a experiência confirma, isoladamente seria deveras oneroso que cada um dos habitantes propusesse uma demanda judicial, com todas as suas implicações. Considerando as barreiras anteriormente referidas, provavelmente poucos dos moradores fossem em busca de seus direitos.

Verifica-se, portanto, que a possibilidade de ingresso em juízo, por meio de representação, no caso da associação de moradores, torna viável o acesso à justiça do referido grupo, na medida em que o resultado positivo de uma demanda judicial seria estendido a toda a coletividade representada.

Para bem assentar a relevância do instituto, pertinente retornar à lição de Benjamin, quando enfatiza as principais funções da *class action*: "A primeira é de permitir a aglutinação de diversos litígios, conforme já referimos. Se estes têm, individualmente, grande valor econômico poupa-se, de qualquer modo, tempo e recursos na solução unificada de disputas assemelhadas. Se, ao revés, os conflitos são economicamente diminutos, pela junção de todos aumenta-se sua dimensão e poder-de-fogo, viabilizando a postulação judicial. Segundo, a *class action* pode amenizar algumas barreiras psicológicas e técnicas que impedem ou dificultam o acesso judicial da parte fraca. Por último, tal modalidade de ação pode funcionar como complemento indireto ao Direito Penal e ao Direito Administrativo, no sentido de desestimular ou deter condutas sociais indesejáveis. O violador potencial, antes de lançar mão de atividades e métodos socialmente nefastos, pensará duas vezes, intimidado que estará com a possibilidade de, por força de uma ação coletiva dessa natureza, vir a perder ou até a ultrapassar os ganhos ilícitos que por acaso tenha auferido com sua conduta repreensível".[177]

---

[177] BENJAMIN, Antônio Herman de Vasconcellos e. A insurreição da aldeia global contra o processo civil clássico: apontamentos sobre a opressão e a libertação judiciais do meio ambiente e do consumidor. In *Ação Civil Pública*: Lei 7.347/85 – Reminiscências e Reflexões após dez anos de aplicação). São Paulo: Revista dos Tribunais, 1995, p. 121.

De acordo com estas ponderações, tem-se que a instituição de mecanismos de tutela coletiva serve para retirar os direitos materiais da mera esfera do reconhecimento e de suas declarações pelo Estado, promovendo-os a um patamar de efetividade, no caso, a promoção pela via jurisdicional. Marinori enfatiza tal constatação: "Instituir a possibilidade da tutela de direitos individuais de origem comum, por meio de uma única ação deferida a um ente idôneo e capaz, é fundamental para que o ordenamento jurídico não se transforme em letra morta. Uma única ação para a tutela de direitos individuais pertencentes a várias pessoas, além de eliminar os custos das inúmeras ações individuais, torna mais racional e célere o trabalho dos juízes e neutraliza as vantagens do litigante [demandado] que, não fosse a ação única, transformar-se-ia em habitual e, assim, teria vantagens sobre o litigante eventual".[178]

Alonso Jr. aponta a criação de meios processuais coletivos como ferramenta necessária para a proteção e implementação dos direitos fundamentais, dentre eles, o direito fundamental ao meio ambiente sadio e equilibrado, incentivando para tanto a participação do cidadão em tal busca. Deste modo, "no caso específico dos direitos fundamentais, analisando estes instrumentos processuais que retiram a jurisdição de seu estado de inércia, o ordenamento legal criou algumas ações constitucionais, legitimando direta e indiretamente o cidadão para buscar determinado provimento jurisdicional. Nestas ações, já não se trata de meros direitos subjetivos (*posições de vantagem*), dentre os quais se poderia enquadrar os patrimoniais privados de caráter individual, mas de direitos subjetivos públicos consubstanciados em prestações estatais positivas ou negativas. O provimento jurisdicional ganha foro de preservação ou implementação de "liberdades públicas", sob as bases da mensagem constitucional atual, na qual o cidadão possui créditos a serem cobrados junto ao Estado. Estas ações, que também podem ser propostas em face de particulares, notadamente quando manejadas em direção ao Estado, denotarão por meio deste inter-relacionamento cidadão/Estado participação popular nas atividades estatais, com conotação democrática importante, principalmente se considerada a configuração provedora do Estado na Constituição".[179]

Uma vez apresentada a necessidade e a origem dos esquemas diferenciados de tutela jurisdicional para os direitos difusos e coletivos, passa-se a particularizar o caso brasileiro.

---

[178] MARINONI, Luiz Guilherme. *Técnica processual e tutela dos direitos*. São Paulo: Revista dos Tribunais, 2008, p. 77.
[179] ALONSO Jr., Hamilton. *Direito fundamental ao meio ambiente e ações coletivas*. São Paulo: Revista dos Tribunais, 2006, p. 191.

O Direito brasileiro, atento à relevância do modelo da *class action* para a tutela de direitos difusos e coletivos, de amplo acesso à justiça e como mecanismo de redução de demandas judiciais em questões envolvendo interesses de massa, como costuma ocorrer em questões envolvendo consumo e meio ambiente, adotou tal sistemática.[180]

Em nosso País, a adequação do processo civil principiou com a adaptação de institutos específicos, particularmente pela doutrina, face à urgência em se atentar à tutela dos interesses difusos, que não poderiam esperar por providências legislativas. Estas adaptações passaram, então, pela discussão sobre a flexibilização das regras sobre legitimidade para agir, os limites subjetivos da coisa julgada, e as técnicas das tutelas preventivas e reparatórias, especialmente quanto à formatação desta última, dado o caráter complexo do bem ambiental.[181]

Hoje, porém, tem-se que o ordenamento brasileiro possui uma importante gama de instrumentos para a tutela dos interesses difusos e coletivos, logo, também para a defesa do meio ambiente.[182]

Segundo Abelha, dispomos de um sistema próprio: "tratando-se de *tutela jurisdicional do meio ambiente*, o conjunto de técnicas processuais (provimentos, processos e procedimentos) oferecidas pelo legislador como sendo aptas para debelar crises ambientais – *como também as crises envolvendo interesses difusos tout court* – encontra-se, precipuamente, sedimentado no que se convencionou chamar de "jurisdição civil coletiva" ou *microssistema processual coletivo* ou ainda *sistema processual coletivo*. Trata-se, na verdade, de um conjunto de regras e princípios de direito processual coletivo, ou seja, técnicas processuais que foram criadas para serem usadas para debelar crises de interesses coletivos (*lato sensu*), dentre as quais situa-se a tutela do equilíbrio ecológico".[183]

Desta forma, o sistema brasileiro para a tutela jurisdicional do meio ambiente é formada tanto pelos instrumentos jurisdicionais disponibilizados, isto é, as ações propriamente ditas, quanto pelos princípios processuais decorrentes do devido processo legal, influenciados pelos princípios de direito ambiental.

Ademais, há que se considerar a possibilidade e necessidade de ajuste dos procedimentos segundo as peculiaridades do direito material, bem como a reformulação dos institutos processuais pontualmente, tais como

---

[180] ABELHA, Marcelo. *Ação civil pública e meio ambiente*. Rio de Janeiro: Forense Universitária, 2004, p. 22.

[181] Neste sentido, MIRRA, Álvaro Luiz Valery. *Ação Civil Pública e a reparação do dano ao meio ambiente*. São Paulo: Juarez de Oliveira, 2002, p. 121 e ss.

[182] FREITAS, Vladimir Passos de. *A Constituição Federal e a efetividade das normas ambientais*. São Paulo: Revista dos Tribunais, 2005, p. 35.

[183] ABELHA, Marcelo. *Processo civil ambiental*. São Paulo: Revista dos Tribunais, 2008, p.65.

legitimidade, coisa julgada, ônus probatório e sistema recursal, que não podem ter aplicação idêntica àquela estruturada no individualista Código de Processo Civil.

Inicia-se a análise da sistemática brasileira para a tutela jurisdicional do meio ambiente, apresentando as ações judiciais, inclusive para definir aquelas que serão enfrentadas ao longo do presente trabalho. Para tanto se faz menção, apenas de passagem, ao Mandado de Injunção e ao Mandado de Segurança Coletivo, para então dar realce à Ação Popular e à Ação Civil Pública.

A título de justificação para a não exploração do Mandado de Segurança Coletivo e do Mandado de Injunção, importante destacar as limitações destes institutos quanto à matéria probatória, elemento central deste estudo.

Não obstante a relevância dos referidos instrumentos, segundo sustenta a doutrina[184], inclusive para a tutela do meio ambiente, o afastamento dos mesmos decorre das justificativas apresentas, com destaque precípuo à questão cognitivo-procedimental. Acontece que o rito tocante ao Mandado de Injunção e ao Mandado de Segurança Coletivo não comporta produção probatória ampla, como ocorre no procedimento empregado na Ação Popular e na Ação Civil Pública, com espaço para ampla cognição.

Assim sendo, frisa-se, o afastamento se deve exclusivamente ao fato de que, em tais institutos, a questão tocante à prova não tem espaço acentuado, logo, não é caso de explorar, neles, o manejo do direito probatório como ferramenta de promoção da cidadania ambiental.

À guisa de justificação, emprega-se ainda o destaque feito por Alonso Jr.: "Nossa análise se dá no campo da tutela coletiva, pelos instrumentos jurídicos processuais previstos na Carta Magna, em que se vê maior possibilidade de trazer efetividade às normas fixadoras, sobretudo de direitos sociais e de solidariedade, em face da abrangência do objeto destas demandas, grau de participação popular, bem como alcance jurisdicional das decisões prolatadas".[185]

Feitas estas ponderações e dando-se continuidade, importa enfocar os principais instrumentos disponibilizados pelo direito brasileiro para a tutela do meio ambiente. Destarte, serão considerados aqueles que permitem de forma ampla o exercício da cidadania ambiental e têm estreita ligação com o direito probatório ou, em outros termos, instrumentos que permitam e necessitam, no seu manejo, do enfrentamento de questões probatórias e, especialmente, a produção de prova.

---

[184] Neste sentido, ALONSO Jr., Hamilton. *Direito fundamental ao meio ambiente e ações coletivas*. São Paulo: Revista dos Tribunais, 2006, p. 209 e ss.

[185] ALONSO Jr., Hamilton. *Direito fundamental ao meio ambiente e ações coletivas*. São Paulo: Revista dos Tribunais, 2006, p. 193.

A recepção da técnica processual voltada aos interesses difusos e coletivos, no Brasil, ocorreu de forma inaugural,[186] por meio da Lei da Ação Popular, em 1965.[187] Sobre tal instituto, discorre Silva que "a origem das ações populares perde-se na história do Direito romano. O nome *ação popular* deriva do fato de atribuir-se ao povo, ou à parcela dele, legitimidade para pleitear, por qualquer de seus membros, a tutela jurisdicional de interesse que não lhe pertence, *ut singuli*, mas à coletividade. O *autor popular* faz valer um interesse que só lhe cabe, *ut universis*, como membro de uma comunidade, agindo *pro populo*. Mas a ação popular não é mera atribuição de *ius actionis* a qualquer do povo, ou a qualquer cidadão como no caso da nossa. Essa é apenas uma de suas notas conceituais. O que lhe dá conotação essencial é a natureza impessoal do interesse defendido por meio dela: *interesse da coletividade*. Ela há de visar a defesa de direito ou interesse público. O qualificativo *popular* prende-se a isto: *defesa da coisa pública, coisa do povo*".[188]

Em que pese a inserção deste instrumento em nosso sistema processual ter representado inovação em face do padrão individualista que até então vigorava, sua aplicação e relevância prática, desde sua origem, sofre limitações. Em sua formatação inicial, nos termos da Lei 4.717/65, o âmbito de aplicação era limitado, com algumas barreiras que prejudicaram suas potencialidades. Na lição de Abelha, "não seria nenhuma heresia afirmar que a lei da ação popular constitui um dos diplomas mais avançados e notáveis do direito processual. É impressionante e extremamente atual para sua época e dias de hoje. Mas, mesmo assim, padece de problemas. Estes problemas recaem, notadamente, sobre a insuficiência processual à tutela desses direitos, já que a ação popular tinha e tem como legitimado o cidadão, que normalmente é uma parte hipossuficiente (técnica e economicamente) quando contratado com os seus adversários; o seu objeto era restrito à tutela do patrimônio público, assim entendidos os bens indicados no art. 1º, §1º, da Lei n. 4.717/65; possuía ainda uma severa limitação quanto à sua legitimidade passiva (só cabível contra anulação de atos lesivos praticados pelo Poder Público). Outro problema dizia respeito ao contraditório das pessoas que não participariam e a coisa julgada que a todos atingiria".[189]

Algumas das referidas limitações da Ação Popular foram atenuadas. Isso se deu, por exemplo, com a ampliação do seu objeto por força do

---

[186] ALONSO Jr., Hamilton. *Direito fundamental ao meio ambiente e ações coletivas*. São Paulo: Revista dos Tribunais, 2006, p. 214.

[187] BRASIL. Lei 4.717, de 29 de junho de 1965 (Regula a ação popular).

[188] SILVA, José Afonso. Curso de Direito Constitucional Positivo. São Paulo: Malheiros, 1999, p. 462.

[189] ABELHA, Marcelo. Ação civil pública e meio ambiente. Rio de Janeiro: Forense Universitária, 2004, p. 13-14. No mesmo sentido, MIRRA, Álvaro Valery. Ação Civil Pública e a reparação do dano ao meio ambiente. São Paulo: Juarez de Oliveira, 2002, p. 128-129.

inciso LXXIII do artigo 5º da Constituição Federal de 1988,[190] que expressamente inclui o meio ambiente natural e cultural como objetos tuteláveis por tal via; a legitimação passiva de pessoas privadas, na forma do artigo 6º;[191] bem como a relativização da coisa julgada material, em caso de a ação ser julgada improcedente por deficiência de prova, na forma da redação atual do artigo 18 da Lei da Ação Popular.

Muito embora tais observações, capazes de rejuvenescer o instituto, é pertinente uma ponderação: especialmente no tocante à questão da legitimidade ativa da ação popular, voltada ao cidadão, pessoa física que haverá de litigar com um legitimado passivo deveras mais forte, em todos os aspectos, costuma-se apontar que este instrumento tem suas potencialidades prejudicadas, até porque raramente são propostas, bem como raras as pessoas dispostas a assumirem os riscos e as implicações de uma demanda judicial de vulto, como é a Ação Popular quando considerado seu objeto. Por tais razões, para a tutela do meio ambiente, é apontada a Ação Civil Pública como o mais relevante instrumento jurisdicional.

De acordo com os objetivos deste trabalho, não há, porém, como negligenciar a Ação Popular. Em que pesem os fatores que limitam sua prática, este instrumento segue sendo um importantíssimo mecanismo de acesso à justiça, de realização da cidadania ambiental e, por conseguinte, de tutela do meio ambiente.

Aliás, muito embora raras tais ações, interessante notar que há casos em que o instituto foi recepcionado pelo Judiciário de forma apropriada, conforme se colhe da ementa do seguinte julgado do Tribunal de Justiça de Santa Catariana, relatado pelo Desembargador Francisco Oliveira Filho:

AÇÃO POPULAR – DEFESA DO MEIO AMBIENTE – DESMATAMENTO E INTRODUÇÃO DE ESPÉCIE EXÓTICA SEM AUTORIZAÇÃO DO PODER PÚBLICO – PROCESSO EXTINTO SEM RESOLUÇÃO DO MÉRITO – CABIMENTO DA *ACTIO* – EXEGESE DO ART. 515, § 3º, DO CPC – PROVA EMPRESTADA – INTELIGÊNCIA DO ART. 332 DO CPC – RESPONSABILIDADE OBJETIVA – TEORIA DO RISCO INTEGRAL – RESPONSABILIDADE SOLIDÁRIA DO ENTE PÚBLICO DESCARACTERIZADA – RECURSO PROVIDO – REEXAME NECESSÁRIO (ART. 19 DA LEI 4.717/65) PREJUDICADO.

A ação popular é um instrumento constitucional posto à disposição do cidadão para buscar a invalidade de atos ou *omissões* da Administração Pública e defesa de interesses difusos e

---

[190] BRASIL. Constituição da República Federativa do Brasil de 1988. "Art. 5º. [...] LXXIII – qualquer cidadão é parte legítima para propor ação popular que vise a anular ato lesivo ao patrimônio público ou de entidade de que o Estado participe, à moralidade administrativa, ao meio ambiente e ao patrimônio histórico e cultural, ficando o autor, salvo comprovada má-fé, isento de custas judiciais e do ônus da sucumbência;

[191] BRASIL, Lei 4.717, de 29 de junho de 1965 (Regula a ação popular). "Art. 6º. A ação será proposta contra as pessoas públicas ou privadas e as entidades referidas no art. 1º, contra as autoridades, funcionários ou administradores que houverem autorizado, aprovado, ratificado ou praticado o ato impugnado, ou que, por omissão, tiverem dado oportunidade à lesão, e contra os beneficiários diretos do mesmo.

coletivos, dentre eles, o meio ambiente. Logo, pertinente à espécie, diante da caracterização de seus pressupostos. [...][192]

Em síntese, tratava o caso de apelação cível originada de ação popular proposta por um cidadão em face de uma pessoa física e uma pessoa jurídica de direito privado. Tinha por objeto a recuperação de área de preservação permanente desmatada pelos requeridos, com posterior introdução de espécie exótica (*pinus eliotis*), sem a realização de estudo de impacto ambiental pelos órgãos competentes. Pugnava o autor pela recuperação da área, incluindo a supressão da espécie exótica e o replantio de espécies nativas.

Interessante notar neste julgado que, no primeiro grau, houve extinção do processo sem resolução do mérito, por considerar o julgador monocrático que a ação popular não é o meio correto para atacar o dano ambiental apontado pelo autor da ação. Uma perspectiva limitada do instituto.

Não obstante, conforme consta da ementa transcrita, o Tribunal de Justiça de Santa Catarina, em feliz interpretação do instituto da Ação Popular, reformou a sentença, admitindo a Ação Popular no caso e, como desfecho, julgando procedente a demanda.

Importa realçar, ainda, que houve condenação dos requeridos a recuperarem a área, isto é, condenação de natureza reparatória, logo, determinação que em nada se assemelha ao dispositivo clássico da Lei da Ação Popular, referente à anulação ou declaração de nulidade de ato lesivo ao patrimônio público, de natureza notadamente repressiva. Esta acertada decisão é deveras interessante, por se tratar de caso que pouco se enquadra àquela conformação original da Lei 4.717/1965, de modo que o instituto foi devidamente ajustado à luz do artigo 5º, inciso LXXIII, da Constituição Federal de 1988.

Deste modo, não obstante seja comum retratar a Ação Popular como um instituto frágil, em razão da vulnerabilidade do legitimado ativo, o julgado estudado indica, isto sim, a possibilidade de apropriada aceitação e tratamento deste mecanismo para a tutela do meio ambiente pelo Poder Judiciário.

É de se constatar que o que pesa para inibir um cidadão a propor uma Ação Popular está diretamente relacionado à vulnerabilidade do próprio indivíduo, seja técnica ou financeira, conforme aquelas barreiras anteriormente apontadas. Contudo, em parte, estas limitações podem ser atenuadas, com o incentivo ao exercício da cidadania ambiental, pela via jurisdicional, o que deve ser promovido pelo manejo diferenciado do direito probatório pelo Judiciário, conforme será analisado no último ca-

---

[192] BRASIL. Tribunal de Justiça de Santa Catarina. Apelação Cível 2007.028748-3. Segunda Câmara de Direito Público. Relator Des. Francisco de Oliveira Filho. Decisão de 20.11.2007.

pítulo, servindo de mecanismos de facilitação do acesso à justiça, desonerando o cidadão e amenizando-lhe o encargo probatório.

Afora a questão da legitimação ativa, a Ação Popular carrega traços deveras semelhantes aos da Ação Civil Pública, tais como desoneração quanto a custas, despesas e honorários advocatícios em caso de sucumbência; relativização da coisa julgada material na hipótese de improcedência por falta ou insuficiência de provas; possibilidade de concessão de medidas de urgência e, acima de tudo, por tratarem ambas de importantes instrumentos de acesso à justiça e de promoção da cidadania ambiental.

Sobre a amplitude da Ação Popular, se já foi demonstrado que comporta a anulação de ato lesivo ao patrimônio público, bem como a condenação em reparação de danos, importa destacar sua admissibilidade, inclusive, em caráter de tutela preventiva. A propósito, assevera Tessler que "diante da importância da prevenção ambiental, não faz sentido se permitir ao cidadão buscar o ressarcimento dos danos ambientais e não autorizá-lo a agir para evitar a prática de um ilícito ambienta. *Em razão da relevância em se consagrar o princípio da participação de forma efetiva, de se realizar o escopo político da jurisdição e de se garantir ao titular do direito a defesa de seu direito em juízo, a fim de assegurar que o cidadão disponha de seu direito à inviolabilidade ambiental, há que se admitir a legitimidade autônoma do cidadão para a propositura de ação preventiva ambiental".*[193]

Diante de tais esclarecimentos, assentada a relevância da Ação Popular para a tutela do meio ambiente e para a promoção da cidadania em matéria ambiental,[194] tal como ocorre com a Ação Civil Pública, apropriado concluir que o estudo do direito probatório pode ser realizado, sobre as mesmas premissas, quando ambos os instrumentos estiverem voltados à tutela do meio ambiente.

Dando-se continuidade, pertinente tratar da Ação Civil Pública, tida pela doutrina como o mais importante instrumento jurisdicional brasileiro para a tutela do meio ambiente.[195] Nesta senda, assenta-se que a Ação Civil Pública instituída pela Lei 7.347, de 24 de julho de 1985, representa "um novo rumo ao direito processual brasileiro, considerando que insta-

---

[193] TESSLER, Luciane Gonçalves. *Tutelas Jurisdicionais do meio ambiente*: tutela inibitória, tutela de remoção, tutela de ressarcimento na forma específica. São Paulo: Revista dos Tribunais, 2004, p. 197.

[194] SARLET, Ingo Wolfgang; FENSTERSEIFER, Tiago. O papel do Poder Judiciário brasileiro na tutela e efetivação dos direitos e deveres socioambientais. *Revista de Direito Ambiental*, ano 13, n. 52, out.-dez./2008. São Paulo: Revista dos Tribunais, 2008, p. 96.

[195] ANTUNES, Paulo de Bessa. *A tutela judicial do meio ambiente*. Rio de Janeiro: Lumen Juris, 2005, p. 11.

lou um mecanismo processual para servir a interesses metaindividuais da sociedade".[196]

O grande destaque da Ação Civil Pública, em relação à Ação Popular, refere-se à legitimação ativa que, antes limitada ao cidadão, agora é estendida a diversos entes, sendo todos eles pessoas jurídicas, portanto, em princípio, mais sólidos e bem estruturados.

Consoante dispõe o artigo 5º da Lei da Ação Civil Pública, estão legitimados, para sua propositura, o Ministério Público, a Defensoria Pública, a União, os Estados, o Distrito Federal, os Municípios, a autarquia, empresa pública, fundação ou sociedade de economia mista e, o mais importante, qualquer associação civil que tenha sido constituída há no mínimo um ano antes da ocorrência do fato danoso, bem como tenha, dentre as suas finalidades institucionais, além de outros compromissos, a proteção do meio ambiente.

A Lei da Ação Civil Pública prevê dois enfoques de atuação para as questões ambientais: na forma do artigo 1º, inciso I, serve de instrumento para ações de responsabilidade por danos morais e patrimoniais causados ao meio ambiente; em outro sentido, há previsão, no seu artigo 4º, para a possibilidade de se ajuizar ação civil pública de natureza cautelar, visando a evitar o dano ao meio ambiente.[197]

Assim, a Ação Civil Pública, segundo a literalidade da Lei 7.347/85, pode ter um duplo escopo: servir à reparação do dano ao meio ambiente ou, cautelarmente, evitar que esse dano se produza. No primeiro caso, o objeto é o dano, que se pretende ver reparado; no segundo, o risco de dano, pelo qual se busca evitar a ocorrência do evento lesivo e, por conseguinte, inibir seus efeitos.

Marinoni, focando sua atenção à tutela nos novos direitos, agrega às tutelas tradicionais (condenatória, declaratória e constitutiva) categorias precipuamente voltadas a uma preocupação preventiva, nominando-as de inibitórias e de remoção do ilícito. Sobre a primeira, voltada a impedir a prática, a repetição ou a continuação do ilícito,[198] o autor elenca as seguintes hipóteses: "para que o direito fundamental ao meio ambiente e as normas que lhe conferem proteção possam ser efetivamente respeitados, é necessária uma ação que i) ordene um não-fazer ao particular para im-

---

[196] LEITE, José Rubens Morato. *Dano ambiental:* do individual ao coletivo extrapatrimonial. São Paulo: Revista dos Tribunais, 2003, p. 230.

[197] É possível, porém, que na própria ação principal seja formulado pedido de medida cautelar, por força do princípio da fungibilidade das medidas de urgência, incorporado ao Código de Processo Civil pela Lei 10.444/2002, inserindo o § 7º ao artigo 273, sendo o diploma adjetivo aplicável subsidiariamente à Ação Civil Pública, na forma do artigo 19 da Lei 7.347/1985.

[198] MARINONI, Luiz Guilherme. *Técnica processual e tutela dos direitos.* São Paulo: Revista dos Tribunais, 2008, p. 192.

pedir a violação da norma de proteção e o direito fundamental ambiental; ii) ordene um fazer ao particular quando a norma de proteção lhe exige uma conduta positiva; iii) ordene um fazer ao Poder Público quando a norma de proteção dirigida contra o particular requer uma ação concreta (por exemplo, fiscalização de área de preservação permanente); iv) ordene um fazer ao Poder Público para que a prestação que lhe foi imposta pela norma seja cumprida (por exemplo, tratar da canalização de um rio); v) ordene ao particular um não-fazer quando o estudo de impacto ambiental, apesar de necessário, não foi exigido; vi) ordene ao particular um não-fazer quando o licenciamento contraria o estudo de impacto ambiental sem a devida fundamentação, ressentindo-se de vício de desvio de poder; vii) ordene ao particular um não-fazer quando o licenciamento se fundou em estudo de impacto ambiental incompleto, contraditório ou ancorado em informações ou fatos falsos ou inadequadamente explicitados".[199]

Por outro lado, a tutela de remoção de ilícito destina-se a remover os efeitos de uma ação já ocorrida,[200] em caso "de ilícito de eficácia continuada – ou seja, na hipótese de um agir já exaurido, mas cujos efeitos ilícitos ainda se propagam, abrindo oportunidade a danos".[201]

Ainda com Marinoni é de se chamar a atenção para a conclusão de que, embora o caráter preventivo destas tutelas – não voltado, como tradicionalmente, à reparação de eventos pretéritos – tais categorias não se confundem com a tradicional ação cautelar. Pelo contrário, estão vinculadas à ação de conhecimento, apenas ajustadas à realidade e às especificidades dos novos direitos. Neste sentido explica: "as ações inibitórias e de remoção do ilícito constituem ações de conhecimento e, assim, apesar de possuírem natureza preventiva, não se confundem com a tradicional ação cautelar. Tais ações são consequências necessárias do novo perfil do Estado e das novas situações de direito substancial. Ou seja, a sua estruturação, ainda que dependente de teorização adequada, tem relação com o dever de proteção do Estado e com as novas regras jurídicas de conteúdo preventivo".[202]

Estas diferentes modalidades, que evidenciam a natureza distinta da tutela a ser prestada, têm implicações processuais de monta, com diferentes modos de abordagem e de distribuição de incumbências entre as partes. Assim ocorre porque há institutos do processo que merecem ser tratados com especial atenção quando a Ação Civil Pública tiver caráter

---

[199] MARINONI, Luiz Guilherme. *Técnica processual e tutela de direitos*. São Paulo: Revista dos Tribunais, 2008, p. 277-278.
[200] Idem, p. 205.
[201] Idem, p. 278.
[202] Idem, p. 277.

preventivo, o que não ocorre quando a demanda for meramente reparatória.

Exemplificativamente, pode-se apontar a necessidade de concessão de medida liminar acautelatória, dependendo dos requisitos, para garantir que o dano não seja causado ao longo do trâmite da demanda, visando, assim, resguardar tanto o bem ambiental quanto o próprio objeto do processo.[203] Da mesma forma, via de regra, haverá necessidade de concessão de medidas liminares nos casos em que a tutela pleiteada seja inibitória ou de remoção de ilícito. Estas particularidades das tutelas preventivas, em princípio, não serão sentidas quando a Ação Civil Pública tiver escopo reparatório de um dano.[204]

À guisa de um conceito, recorre-se à lição de Mirra, quando sustenta que "a partir da Lei 7.347/85, portanto, 'ação civil pública' passou a significar não só aquela proposta pelo Ministério Público e por entes estatais como também a movida por todos os legitimados ativos, tal como discriminados no art. 5° do mencionado texto legal, desde que o seu objeto seja a tutela de interesses ou direitos difusos, entre os quais se destaca, para o que importa mais de perto, o direito ao meio ambiente ecologicamente equilibrado. No tocante à sua natureza jurídica, a ação civil pública para a tutela de interesses difusos é especialíssima. Primeiro, porque não se está diante de um direito subjetivo, já que a legitimação para a causa foi atribuída a órgãos públicos e privados que não atuam em defesa de direitos próprios e individuais, excluída, ainda, a iniciativa de cidadãos individualmente considerados. Segundo, porque a ação civil pública não visa à tutela de interesses e direitos individuais, mas de interesses e direitos supraindividuais que não têm no Estado o titular do monopólio da persecução da sua satisfação".[205]

É de se destacar, por derradeiro, que, embora a reestruturação operada no sistema processual, os instrumentos jurisdicionais para a tutela dos interesses difusos analisados não possuem, no corpo das respectivas leis que os instituem, uma completa regulamentação procedimental e, para o que especialmente importa ao presente trabalho, não trazem regulamentação quanto à matéria probatória. Desta forma, tanto a Lei da Ação Popular, no artigo 22, quanto a Lei da Ação Civil Pública, no artigo 19, determinam a aplicação subsidiária do Código de Processo Civil, sen-

---

[203] ABELHA, Marcelo. *Ação civil pública e meio ambiente*. Rio de Janeiro: Forense Universitária, 2004, p. 159.
[204] Salvo, naturalmente, se diante de um dano já ocorrido, se pretender evitar que o mesmo perpetue-se ou que seus efeitos estendam-se, hipótese de tutela de remoção do ilícito, conforme supra.
[205] MIRRA, Álvaro Luiz Valery. *Ação Civil Pública e a reparação do dano ao meio ambiente*. São Paulo: Juarez de Oliveira, 2002, p. 135.

do que, no caso da Ação Civil Pública, é aplicável também o Título III do Código de Defesa do Consumidor,[206] na forma do seu artigo 21.

Pelo tópico que se encerra, restaram demonstradas as inovações em relação ao sistema de tutela dos direitos individuais, delineados os dois principais instrumentos para a tutela jurisdicional do meio ambiente. Constatou-se, deste modo, a existência de mecanismos estruturalmente aptos à consecução de tal escopo, bem como para a promoção do acesso à justiça e, por conseguinte, para o exercício da cidadania ambiental.

Buscou-se realçar que a mera disponibilização de tais instrumentos é insuficiente, de modo que, a seguir, serão tratadas de outras dimensões relacionadas ao processo e à jurisdição, que necessitam ser repensadas.

2.2. O Poder Judiciário diante das demandas ambientais e a questão da prova

> [...] mas diante dos casos bem simples, assim como dos especialmente difíceis, eles ficam muitas vezes sem saber o que fazer; uma vez que estão dia e noite restringidos por sua lei, não têm o sentido certo para as relações humanas e em casos dessa natureza se r essentem pesadamente delas.
> (Franz Kafka – O Processo)

Delineada a estrutura do sistema processual para a tutela do difuso interesse relacionado ao meio ambiente, é de se perceber que o Estado, especialmente pela via legislativa, instituiu um aparato diferenciado de mecanismos *a priori* adequados a promover a tutela do bem ambiental e, por conseguinte, do direito a um meio ambiente sadio e equilibrado.

Assim, além de moldar uma estrutura processual mais ajustada às peculiaridades do direito material, estas inovações tendem a viabilizar o acesso mais amplo da coletividade ao sistema de justiça.

Pelo tópico que se inicia, não obstante, pretende-se demonstrar que não basta a instituição formal de tais instrumentos e/ou autorizar a ampliação do seu uso, para promover uma adequada tutela jurisdicional do meio ambiente e do acesso à justiça. Há outras questões a serem enfrentadas.

---
[206] BRASIL. Lei 8.078, de 11 de setembro de 1990 (Dispõe sobre a proteção do consumidor e dá outras providências. O Título III, artigo 81 e seguintes, trata "Da Defesa do Consumidor em Juízo" consistindo na parte processual deste diploma legal.

Primeiro, que outra esfera estatal, o Poder Judiciário, também deve assimilar as particularidades da tutela do meio ambiente e, por conseguinte, ajustar a função jurisdicional a esta realidade.

Sarlet e Fensterseifer, após constatarem a existência e uso de instrumentos jurisdicionais para a tutela do meio ambiente, problematizam a postura do Judiciário. Sustentam que, "por evidente que o aspecto quantitativo não exclui uma série de indagações relevantes, em especial sobre a qualidade da crescente intervenção do Poder Judiciário na esfera da tutela ambiental e dos direitos e deveres socioambientais de um modo geral, como bem dá conta o problema da efetivação do direito à saúde, dentre outros. Assim, é possível indagar tanto em que medida juízes e tribunais de fato estão sendo mais "amigos" do ambiente e dos direitos socioambientais, quanto revisitar a permanente controvérsia sobre a legitimidade da intervenção judicial".[207]

A reflexão sobre estas e outras questões serão doravante enfrentadas. Isso porque questões pontuais do processo devem igualmente ser readequadas, inclusive aquelas não previstas pelo legislador, o que pode e deve ser feito por meio da atividade jurisdicional. Para o que particularmente importa a este trabalho, toda a questão envolvendo o direito probatório será considerada: seu manejo, distribuição de ônus, produção e valoração.

A seguir, será tratado o papel fundamental do magistrado na instrução do processo e na apreciação da prova, bem como apresentada a estrutura geral do direito probatório, enquanto premissas para o desenvolvimento do último Capítulo.

2.2.1. Perspectivas sobre a função jurisdicional na instrução do processo envolvendo o bem ambiental

Questões recentes relacionadas ao direito probatório referem-se às mudanças da postura do juiz na produção e valoração da prova. É dizer, em outros termos, a dimensão dos poderes do juiz no que toca à prova. Não se trata, fique claro, de um tema relacionado exclusivamente à prova, mas voltado a toda a participação do juiz no processo, compreendido em sua conformação publicista. Para os limites deste trabalho, dá-se ênfase, no entanto, à questão da prova.

A reflexão sobre esta matéria é realçada por Oliveira, quando aduz que "o tema dos poderes do juiz constitui um dos mais fascinantes da

---

[207] SARLET, Ingo Wolfgang; FENSTERSEIFER, Tiago. O papel do Poder Judiciário brasileiro na tutela e efetivação dos direitos e deveres socioambientais. *Revista de Direito Ambiental*, ano 13, n. 52, out.-dez./2008. São Paulo: Revista dos Tribunais, 2008, p. 77.

dogmática processual civil, porque se vincula estreitamente à natureza e à função do processo, à maior ou menor eficiência desse instrumento na realização de seus objetivos e, ainda, ao papel que é atribuído ao magistrado, na condução e solução do processo".[208]

Este tema, relacionado aos poderes do juiz, ganha novos contornos na atualidade, em razão daquelas atribuições assumidas pelo Estado, conforme visto anteriormente.

Diante desta proposição de análise da jurisdição segundo o modelo de Estado, para tratar dos novos papéis do juiz, necessário, antes, definir aquele modelo de atuação jurisdicional que se pretende, em grande parte, seja reformulado.

O papel do juiz está abalizado, ainda hoje, em um modelo de Estado exclusivamente liberal, o que se traduz, inclusive, na fixação dos princípios gerais do direito processual.

Um dos mais prestigiados princípios do direito processual trata justamente da imparcialidade do juiz.[209] Fundado em uma noção individualista e liberal, reconhece-se que o Estado, na mesma medida em que assume o monopólio da jurisdição, deve preservar aquela postura de não intervenção na vida privada dos indivíduos.

Em suma, apresentada ao Estado uma questão litigiosa, o juiz, com base nos elementos – argumentos e provas – apresentados pelas partes, profere uma decisão, de forma imparcial e objetiva. Decide, mas a partir de uma análise fria e estática, na medida em que todo o esforço para trazer ao processo o retrato da realidade conflituosa deveria originar-se exclusivamente das partes. Afinal, se o suposto direito é delas, somente a elas caberia demonstrá-lo.

É relevante identificar que esta concepção do agir das partes e da postura imparcial do juiz está vinculada ao modelo liberal de Estado, em que, como alhures apontado, o principal era o de garantir a liberdade dos cidadãos, com a menor ingerência estatal possível. Nesse contexto, desenvolveu-se uma jurisdição inerte, impedida de determinar a produção de provas, ainda que tivesse "consciência de que a 'verdade' dos fatos

---

[208] OLIVEIRA, Carlos Alberto Alvaro de. Poderes do juiz e visão cooperativa do processo. *Revista de Direito Processual Civil*, n. 27. jan.-mar./2003. Curitiba: Genesis, 2003, p. 22.

[209] Neste sentido, sustenta Mirra: "Como se tem habitualmente entendido, a instrução processual é uma outra esfera em que predomina o princípio dispositivo. De regra, o juiz depende da iniciativa das partes no que concerne às alegações e às provas que irão influir no fundamento de sua decisão. Essa postura do magistrado é justificada pela necessidade de assegurar sua imparcialidade. MIRRA, Álvaro Luiz Valery. *Ação Civil Pública e a reparação do dano ao meio ambiente*. São Paulo: Juarez de Oliveira, 2002, p. 236.

estava sendo 'construída' pela astúcia ou em virtude de maior habilidade de uma das partes".[210]

A esses alicerces ideológicos[211] está vinculado o princípio da imparcialidade do juiz. À luz deste princípio, "o juiz coloca-se entre as partes e acima delas: esta é a primeira condição para que possa exercer sua função dentro do processo. A imparcialidade do juiz é pressuposto para que a relação processual se instaure validamente. A imparcialidade do juiz é uma garantia de justiça para as partes. Por isso, têm elas o direito de exigir um juiz imparcial: e o Estado, que reservou para si o exercício da função jurisdicional, tem o correspondente dever de agir com imparcialidade na solução das causas que lhe são submetidas".[212]

O ponto de partida sobre o tema reside justamente em se saber qual a amplitude do conceito de imparcialidade, o que depende do seu enquadramento do modelo de processo e jurisdição oferecidos pelo Estado.

Pela perspectiva liberal, Oliveira destaca que "a concepção liberal, ainda não imbuída claramente do caráter público do processo, atribuía às partes não só amplos poderes para o início e fim do processo e o estabelecimento de seu objeto, como também sujeitava à exclusiva vontade destas o seu andamento e desenvolvimento, atribuindo-lhes total responsabilidade no que diz respeito à própria instrução probatória. Os poderes do órgão jurisdicional eram, portanto, significativamente restringidos".[213]

Se em uma perspectiva litigiosa individualista – com pressuposto em um equilíbrio entre as partes – esta imparcialidade pode ser justificada, situação totalmente diversa ocorrerá no contexto apresentado no cerne do tema deste trabalho, que tem como marco o advento do Estado com conformação social.

Assim, quando são lançadas novas luzes sobre o processo, conclui-se que "o caráter privado não corresponde mais à concepção dominante sobre a natureza e função do processo civil, pois a experiência desmentiu a crença da eficiência do trabalho desenvolvido pelos participantes do processo. Basta pensar em que a aplicação do princípio dispositivo

---

[210] Assim, MARINONI, Luiz Guilherme; ARENHART, Sérgio Cruz. *Manual do processo de conhecimento*. São Paulo: Revista dos Tribunais, 2006, p. 54.

[211] Neste sentido, discorre Silva: "No fundo, é expressão acabada da ética liberal que, tendo separado o Estado da sociedade civil, como duas entidades em conflitos de interesses, supõe que os juízes, enquanto representantes do Poder, haverão de ser, organicamente, inimigos da sociedade, pensada através de *indivíduos* isolados. Como se vê, é inocultável o componente ideológico inerente à ética do liberalismo". SILVA, Ovídio Araújo Baptista da. *Processo e ideologia*. Revista de Direito Processual Civil, n. 28, abr.-jun./2003. Curitiba: Genesis, 2003.

[212] CINTRA, Antonio Carlos de Araújo; GRINOVER, Ada Pellegrini; DINAMARCO, Cândido Rangel. *Teoria Geral do Processo*. São Paulo: Malheiros, 2008, p. 58-59.

[213] OLIVEIRA, Carlos Alberto Alvaro de. Poderes do juiz e visão cooperativa do processo. *Revista de Direito Processual Civil*, n. 27. jan.-mar./2003. Curitiba: Genesis, 2003, p. 23.

em sua concepção clássica, impondo exclusiva contribuição das partes no aporte ao processo da matéria de fato, relativiza além do desejável a apreciação da verdade pelo juiz, forçando-o a se contentar passivamente com a versão trazida pelas partes".[214]

Ainda quanto à dimensão liberal tocante à imparcialidade, a verdade é que a incidência desta na atuação jurisdicional – ao propósito de promover equilíbrio e justiça entre as partes – quando aplicada friamente em demandas, envolvendo interesses difusos, redundará na negação destes mesmos valores e postulados.

A postura estática, indiferente, diante de situações desiguais, não implica em imparcialidade. Acoberta, isto sim, uma parcialidade decorrente da inércia, na medida em que nada faz para promover o equilíbrio, pois, mesmo diante do evidente desequilíbrio, o aceita.

Ora, de acordo com os postulados e aportes já inseridos neste trabalho, se está assentado que o bem ambiental não é de titularidade individual, que sua lesão poderá gerar consequências nefastas de forma transgeracional e se os legitimados para defendê-lo são claramente frágeis em relação ao oponente – dentre tantas outras nuances – é de se concluir que as premissas são totalmente diversas daquela dimensão processual individualista e liberal, de modo que o enfrentamento deverá ser do mesmo modo diferenciado.

Numa perspectiva de Estado provedor – com encargo inclusive de promoção e garantia da qualidade ambiental – necessariamente o espectro da jurisdição haverá de ser ampliado.

Isso porque "com o Estado Social intensifica-se a participação do Estado na vida das pessoas e, conseqüentemente, a participação do juiz no processo, que não deve mais apenas estar preocupado com o cumprimento das 'regras do jogo', cabendo-lhe agora zelar por um 'processo justo', capaz de permitir: I) a justa aplicação das normas de direito material; II) a adequada verificação dos fatos e a participação das partes em um contraditório real e não somente formal; III) a efetividade da tutela dos direitos, com uma maior zelo pela ordem no processo, com a repressão do litigante de má-fé, e com a determinação, a requerimento da parte, da tutela antecipatória, e da concessão, de ofício, da tutela cautelar".[215]

É de se registrar, no entanto, que a ampliação de poderes do juiz, na forma que se passa a sustentar, não é ilimitada. Inadmissível que tal ampliação possa beirar o arbítrio ou redundar na redução das garantias

---

[214] OLIVEIRA, Carlos Alberto Alvaro de. Poderes do juiz e visão cooperativa do processo. *Revista de Direito Processual Civil*, n. 27. jan.-mar./2003. Curitiba: Genesis, 2003, p. 23.

[215] MARINONI, Luiz Guilherme; ARENHART, Sérgio Cruz. *Manual do processo de conhecimento*. São Paulo: Revista dos Tribunais, 2006, p. 55.

e direitos individuais das partes de acesso à justiça e, por conseguinte, como já visto, de participarem do processo, contribuindo para a formação da decisão judicial.[216]

Como delimitador desta nova dimensão, importa frisar que os contornos para este ativismo judicial relacionam-se à noção de cooperação, decorrente, ao mesmo tempo, da maior participação do juiz e da atuação das partes, pois o resultado do processo é fruto do envolvimento conjunto de todos os sujeitos que nele atuam.

Oliveira explica a ideia de cooperação sustentando que "além de implicar, sim, um juiz ativo, colocado no centro da controvérsia, importará senão o restabelecimento do caráter isonômico do processo, pelo menos a busca de um ponto de equilíbrio. Esse objetivo impõe-se alcançado pelo fortalecimento dos poderes das partes, por sua participação mais ativa e leal no processo de formação da decisão, em consonância com uma visão não autoritária do papel do juiz e mais contemporaneamente quanto à divisão do trabalho entre o órgão judicial e as partes.[217]

Esta ideia de cooperação ganha especial envergadura no processo relacionado à tutela do meio ambiente e, mais ainda, quando envolva no pólo ativo da demanda os cidadãos – ao mesmo tempo ricos em conhecimento empírico e disponibilidade de proteger um bem difuso, mas vulneráveis, técnica e economicamente, quando em comparação com o demandado-degradador. Cooperação, se é um conceito a ser implementado em qualquer espécie de demanda, ainda maior relevo terá quando o objeto em voga for o bem ambiental.

Este conceito importa, ademais, a "percepção de uma democracia mais participativa, com um consequente exercício mais ativo da cidadania, inclusive de natureza processual", na medida em que "a matéria vincula-se ao próprio respeito à dignidade humana e aos valores intrínsecos da democracia".[218]

Deste modo, Oliveira, em brilhante passagem, assenta que "mesmo a iniciativa do órgão judicial dos poderes instrutórios deve ser entrevista num quadro de dimensões mais amplas, de modo a permitir a adequada formação da convicção do julgador [o que] importa fundamentalmente o exercício da cidadania dentro do processo, índice da colaboração das partes com o juiz, igualmente ativo, na investigação da verdade e da justiça".[219]

---

[216] Neste sentido, OLIVEIRA, Carlos Alberto Alvaro de. *Poderes do juiz e visão cooperativa do processo*. Revista de Direito Processual Civil, n. 27. jan.-mar./2003. Curitiba: Genesis, 2003, p. 24-25.

[217] OLIVEIRA, Carlos Alberto Alvaro de. Poderes do juiz e visão cooperativa do processo. *Revista de Direito Processual Civil*, n. 27. jan.-mar./2003. Curitiba: Genesis, 2003, p. 26-27.

[218] Idem, ibidem.

[219] Idem, p. 27-28.

Estas considerações evidenciam a importância da noção ampliada de cidadania, seja no sentido propriamente de exercício do direito de acesso ao Judiciário, mas também de incentivo e facilitação/viabilização deste acesso, que ganha novos contornos com a postura do juiz na forma que vem sendo sustentada.

A proposição de maior envolvimento do juiz com o processo é, ao fim e ao cabo, atendimento àquele sério compromisso do processo – pressuposto de sua legitimação – de busca da verdade, sobre o qual deverá ser aplicado o Direito material.

Esta dimensão, de busca da verdade – paralela ao incentivo à participação – merece ser frisada. Conforme Oliveira, "o Direito Processual moderno, contudo, vem constantemente evoluindo, de modo a liberar o juiz dessas cadeias formalísticas atribuindo-lhe poderes intensificados para a investigação probatória, facultando-lhe de conseguinte melhor conhecimento dos fatos, ponto importante na formação de sua convicção. Dentro dessa nova perspectiva, proposta a demanda e delimitados os seus contornos essenciais, constitui dever do juiz controlar o rápido, regular e leal desenvolvimento do processo, assumindo inclusive os meios probatórios, dentro, é claro, dos limites fáticos extremados pela parte autora para a causa".[220]

É de se notar que a proposição referida está assentada numa perspectiva publicista do processo. Quer dizer, o poder das partes de dispor de seus direitos esgota-se, via de regra, na fase postulatória.[221] Uma vez instaurado o litígio, simultaneamente às atribuições das partes, avultam-se as atribuições do magistrado, de acordo com aquela noção cooperativa de busca da verdade – ou de promoção da decisão mais justa para o caso.

Esta maior participação deve ser acentuada quando envolvido o bem ambiental.

Segundo Benjamin a inserção da tutela de direitos difusos e coletivos no sistema processual traz significativas implicações na atividade jurisdicional, pois, "de um lado, o juiz é forçado a abandonar o papel passivo, chamando a atuar criativa e ativamente na condução do processo (visando, p.ex., assegurar proteção efetiva aos direitos e interesses dos mem-

---

[220] OLIVEIRA, Carlos Alberto Alvaro de. Poderes do juiz e visão cooperativa do processo. *Revista de Direito Processual Civil*, n. 27. jan.-mar./2003. Curitiba: Genesis, 2003, p. 30-31. O autor, ao tratar da participação do juiz, faz distinção de dois momentos. No primeiro o juiz não interfere, enquanto no segundo, interno ao processo, reside sua participação, que se sugere seja ampliada. Neste sentido, "de modo nenhum pode ser confundido o momento inicial, consistente nas alegações dos fatos jurídicos, que dão substrato à pretensão *sub judice*, com o momento posterior, interno, concernente às demonstrações de cunho probatório. O primeiro [...] estabelece o elemento essencial do direito ou do contradireito, [...] vinculando o juiz e forçando-o a exercer seu ofício. Instaurado porém o processo, o seu *modo*, *ritmo* e *impulso* escapam à disponibilidade das partes, elementos que devem ser disciplinados por normas legais cogentes, não sendo despiciendo no entanto possa o juiz em certas hipóteses levar em conta as exigências concretas do caso".

[221] Afastadas, naturalmente, as hipóteses de desistência ou composição.

bros ausentes, ou, ainda, distribuir, muitas vezes de forma inovadora, eventual indenização conferida). Do outro, ingressando no universo conflituoso supraindividual, o magistrado é impelido a manusear – legitimamente, mas nem sempre por isso menos novidadeiro – temas gerados e geridos por políticas públicas, até bem pouco tempo reino privativo dos Poderes Legislativos e Executivo".[222]

Isto significa que, além da ampliação dos poderes do juiz, pela influência da perspectiva publicista do processo, o maior comprometimento decorre também da própria relevância do bem jurídico a ser tutelado.

A propósito, Sarlet e Fensterseifer, após destacarem o dever estatal de proteção do ambiente, fixando novas pautas ao Poder Judiciário, sustentam que "tal perspectiva também está atrelada ao novo papel do juiz e dos tribunais assumido no âmbito das relações processuais, especialmente quando estiver em causa processo de natureza coletiva, como ocorre nas ações civis públicas ambientais, projetando um novo "agir proativo e protetivo" do órgão jurisdicional para com o direito ambiental em questão, especialmente quando considerarmos a sua vinculação aos direitos fundamentais, como é o caso do direito a viver e um ambiente sadio e equilibrado".[223]

E esta maior participação do juiz não implica em quebra da imparcialidade a que se fez referência anteriormente, na medida em que a imparcialidade deve servir para promover equilibro entre as partes e, à evidência, "uma coisa é o juiz assegurar iguais oportunidades aos litigantes, sob o império do contraditório; outra, completamente diferente, é abster-se de intervir na relação processual".[224]

Eventuais excessos poderão ser controlados "pelo contraditório, dever de motivação e possibilidade de reexame da decisão em segundo grau de jurisdição".[225]

Esta maior participação do juiz decorre da aceitação de que procedimentos-padrão, especialmente quanto à prova, não são uma técnica adequada se, na realidade, as situações jurisdicionalizadas são distintas, ainda mais nos moldes apresentados neste trabalho. A convalidar tal ob-

---

[222] BENJAMIN, Antônio Herman de Vasconcellos e. A insurreição da aldeia global contra o processo civil clássico: apontamentos sobre a opressão e a libertação judiciais do meio ambiente e do consumidor. In Ação Civil Pública: Lei 7.347/85 – Reminiscências e Reflexões após dez anos de aplicação). São Paulo: Revista dos Tribunais, 1995, p. 122.

[223] SARLET, Ingo Wolfgang; FENSTERSEIFER, Tiago. O papel do Poder Judiciário brasileiro na tutela e efetivação dos direitos e deveres socioambientais. *Revista de Direito Ambiental*, ano 13, n. 52, out.-dez./2008. São Paulo: Revista dos Tribunais, 2008, p. 81.

[224] MIRRA, Álvaro Luiz Valery. *Ação Civil Pública e a reparação do dano ao meio ambiente*. São Paulo: Juarez de Oliveira, 2002, p. 238.

[225] OLIVEIRA, Carlos Alberto Alvaro de. Poderes do juiz e visão cooperativa do processo. *Revista de Direito Processual Civil*, n. 27. jan.-mar./2003. Curitiba: Genesis, 2003, p. 31.

servação, é de se recorrer a Marinoni, quando acentua: "Acontece que o legislador não pode prever as técnicas processuais ideais para todos os casos conflitivos, não só porque as necessidades do direito material e da vida das pessoas são várias e estão em constante evolução, mas especialmente porque a adequação das técnicas processuais depende das particularidades do caso concreto".[226]

Postas estas considerações, firme a necessidade de ampliação dos poderes e da maior participação do juiz na instrução processual, é de se perquirir quais os desdobramentos desta perspectiva em demandas relacionadas à tutela do meio ambiente. Antes, porém, apropriado fazer a caracterização geral sobre o instituto da prova.

2.2.2. Considerações gerais sobre a prova

Visto que o processo é um instrumento a serviço da realização da Justiça e que a postura inerte do juiz na produção da prova não se compatibiliza com as necessidades atuais, sobretudo em face dos direitos difusos, a partir deste tópico pretende-se apresentar um quadro geral sobre a questão da prova, procurando enfatizar a importância do direito probatório na dinâmica processual cognitiva, isto é, de busca da reconstituição, nos autos do processo, da verdade ocorrida na realidade material, como pressupostos para a aplicação das regras jurídicas às situações concretas.

À luz do que fora apresentado na primeira parte deste capítulo, reforçados pelas considerações enxertadas no tópico anterior – importa ter claro que, no exercício do direito de acesso à justiça e de promoção da tutela do meio ambiente, não basta a mera instituição de instrumentos.

Necessário, outrossim, refletir sobre questões processuais específicas. Nesta ordem de ideias, vale acompanhar a lição de Knijnik, quando assevera que "o denominado "direito de agir em juízo" não se exaure no direito subjetivo de obter um provimento judicial qualquer ou em movimentar a máquina judiciária, compreendendo uma 'atividade judicial mínima, dirigida à tutela de uma posição substancial de vantagem, envolvendo conteúdos ativos e positivos', dentre os quais um procedimento probatório adequado".[227]

Antes de apresentar alguns elementos do que se considera um procedimento probatório adequado à tutela jurisdicional do meio ambiente, necessária a contextualização do instituto da prova.

---
[226] MARINONI, Luiz Guilherme. *Técnica processual e tutela dos direitos*. São Paulo: Revista dos Tribunais, 2008, p. 220.
[227] KNIJNIK, Danilo. *A prova nos juízos cível, penal e tributário*. Rio de Janeiro: Forense, 2007, p. 7.

A prova no processo civil liga-se a uma variante específica, que não ocorre em qualquer espécie de litígio.[228] Apenas as questões de fato, compreendidas como a controvérsia acerca da versão verdadeira sobre determinado acontecimento, segundo as afirmações contrapostas apresentadas pelas partes no processo, podem ser objeto de prova.[229]

A prova no processo civil tem por escopo, portanto, o esclarecimento sobre os fatos relacionados à lide, a partir dos quais, uma vez delineados, deverá o juiz aplicar o Direito.

Feito este destaque, é de se frisar, porém, que não é a simples razão de o processo envolver matéria de fato que importará na necessidade de nele se produzir prova. Como bem observou Chiovenda, o "objeto da prova constitui os fatos que não sejam reconhecidos e notórios, porquanto os fatos que não se possam negar 'sine tergiversatione' dispensam prova".[230]

Como dito, há demandas que podem envolver matéria de fato – ou, em outros termos, em que há fatos afirmados pelas partes – e que, não obstante, não há necessidade de produção de prova para esclarecê-los. Assim ocorre com os fatos notórios, os fatos alegados por uma parte e aceitos pela parte contrária, os fatos não contestados e, por fim, os fatos sob os quais incide uma presunção de existência ou veracidade, tudo na forma do artigo 334 do Código de Processo Civil.[231]

Deste modo, o direito probatório é relevante apenas nos processos que envolvem matéria de fato e que não podem ser tidos como de existência e validade certa pelo magistrado, tornando indispensável a instrução.

---

[228] Esta assertiva decorre da consideração de que há demandas judiciais cujo objeto não comporta discussão quanto à matéria de fato, na forma dos artigos 330 e 334 do Código de Processo Civil. Segundo Lopes, "a pretensão deduzida pelo autor na petição inicial e a defesa do réu, apresentada na contestação, podem estar assentadas em fatos e em normas jurídicas ou somente em fatos ou, ainda, somente em normas jurídicas. Se as questões suscitadas pelas partes forem exclusivamente de direito (*v.g.*, interpretação da lei, aplicação de súmulas, princípios gerais de direito, etc.), caberá ao juiz resolvê-las logo após a fase postulatória, sem maiores delongas. Diversamente, se as questões discutidas nos autos estiverem escoradas em fatos (isto é, acontecimentos da vida de que decorrem conseqüências jurídicas), poderá ser necessário demonstrar-lhes a existência, quando negada. [...] quanto às questões de fato, poderá haver necessidade de demonstrá-las, porque o juiz, para decidir, terá de buscar a verdade (ou, ao menos, a verossimilhança, como quer parte da doutrina). À demonstração dos fatos (ou melhor, das alegações sobre fatos) é que se dá o nome de prova". LOPES, João Batista. *A prova no direito processual civil*. São Paulo: Revista dos Tribunais, 2007, p. 25.

[229] DINAMARCO, Cândido Rangel; CINTRA, Antonio Carlos de Araújo; GRINOVER, Ada Pellegrini. *Teoria Geral do Processo*. 24ª ed., São Paulo: Malheiros, 2008, p. 373.

[230] CHIOVENDA, Giuseppe. *Instituições de direito processual civil*: Volume 3. Tradução de Paolo Capitanio. Campinas: Bookseller, 1998, p. 113.

[231] CPC, Art. 334.: Não dependem de prova os fatos: I – notórios; II – afirmados por uma parte e confessados pela parte contrária; III – admitidos, no processo, como incontroversos; IV – em cujo favor milita presunção legal de existência ou de veracidade. BRASIL. *Lei 5.869, de 11 de janeiro de 1973 (Institui o Código de Processo Civil)*.

Por outro vértice, é de se afirmar que, se o processo é tido como instrumento para dar o direito a quem o tem,[232] quando houver dúvida sobre as circunstâncias de fato, necessárias para o julgamento, a prova se apresentará como o mecanismo mediante o qual o juiz irá construir sua convicção.[233]

A atividade cognitiva decorre especialmente da natureza da função jurisdicional, uma vez que, para o juiz conceder a prestação jurisdicional adequada, imperativo antes conhecer as alegações das partes, para então confrontá-las com a prova dos autos e, a seguir, agir no sentido de reconhecer e realizar o direito da parte que, em conclusão, o possui.[234] A prova aparece, pois, como substrato para viabilizar a cognição.[235]

Em uma conclusão primeira, portanto, a prova judicial atende sobremaneira ao pressuposto legitimador do processo civil: a reconstrução da verdade e aplicação do direito positivo, abstratamente posto, de forma específica aos "fatos pretéritos rigorosamente reconstruídos".[236] Tal conclusão é posta por Carnelutti nos seguintes termos: "a constatação da identidade (ou da diferença) da situação *colocada* pela norma com a situação *colocada* na causa é o *escopo* do *processo* e o *objeto* do juízo".[237]

A função da prova, deste modo, refere-se à necessidade de investigar a verdade dos fatos ocorridos, decorrendo de tal observação a conclusão de que a questão da prova é absolutamente essencial ao processo que envolve matéria de fato. Marinoni e Arenhart, a propósito, sustentam que "se o conhecimento dos fatos é pressuposto para a aplicação do direito, e se, para o perfeito cumprimento do escopo da Jurisdição é necessária a correta incidência do direito aos fatos ocorridos, tem-se como lógica a atenção redobrada que merece a análise fática no processo".[238]

---

[232] DINAMARCO, Cândido Rangel. *A instrumentalidade do processo*. 11ª ed., São Paulo: Malheiros, 2003, p. 184.

[233] DINAMARCO, Cândido Rangel; CINTRA, Antonio Carlos de Araújo; GRINOVER, Ada Pellegrini. *Teoria Geral do Processo*. 24ª ed., São Paulo: Malheiros, 2008, p. 373.

[234] Neste sentido, WATANABE, Kazuo. *Da cognição no processo civil*. Campinas: Bookseller, 2000, p. 47.

[235] Poderá o juiz, de outra banda, recorrer a um instituto específico do direito probatório, a regra de distribuição do ônus da prova, conforme será tratado no último capítulo.

[236] MARINONI, Luiz Guilherme; ARENHART, Sérgio Cruz. *Comentários ao Código de Processo Civil, v.5: do processo de conhecimento, arts. 332 a 341, tomo 1*. São Paulo: Revista dos Tribunais, 2005, p. 50 e 53.

[237] CARNELUTTI, Francesco. *A prova civil: parte geral: o conceito jurídico da prova*. Tradução Amilcare Carletti. São Paulo: Leud, 2002, p. 32. Neste sentido, oportuno o seguinte destaque feito por Marinoni e Arenhart: "Realmente, seria difícil legitimar as decisões judiciais caso não tivessem como pressuposto a reconstrução dos fatos sobre os quais incidem. Afinal, como fazer o cidadão crer na legitimidade das decisões se essas não declarassem que a hipótese, sobre a qual a norma incide, configurou-se na realidade". MARINONI, Luiz Guilherme; ARENHART, Sérgio Cruz. *Comentários ao Código de Processo Civil*, v. 5: do processo de conhecimento, arts. 332 a 341, tomo 1. São Paulo: Revista dos Tribunais, 2005, p. 53.

[238] MARINONI, Luiz Guilherme; ARENHART, Sérgio Cruz. Op. cit., p. 47-48.

É de se perceber, deste modo, a clara atenção atribuída, no processo, à sua dimensão cognitiva, no sentido de investigação da verdade ocorrida no plano da realidade da vida, como condição à adequada aplicação do Direito.

À luz de tais considerações, é de se concluir que a busca da verdade é um pressuposto do processo, de modo que a acentuada preocupação com a verdade material, isto é, a reconstrução mais fidedignamente possível dos fatos no processo, influencia não apenas o tema da prova, mas também outras questões a ela relacionadas, tais como o instituto da coisa julgada e, modernamente, a atribuição de maiores poderes ao juiz na instrução da causa.[239]

Aliás, pertinente um parêntese. No particular relacionado aos direitos difusos, nos quais se insere o direito a um meio ambiente ecologicamente sadio e equilibrado, especial importância ganha a necessidade de reconstrução, no processo, da verdade material dos fatos. Assim deve ocorrer tanto em relação aos elementos para a caracterização da responsabilidade civil do agente degradador ou poluidor, quanto para dimensionar os efeitos negativos dos danos ambientais, a fim de que a responsabilização se opere de forma eficaz e efetiva quanto à amplitude da lesão.

Feito o destaque, é de se frisar que, conforme mencionado anteriormente, a partir de uma definição formal,[240] a prova serve para reconstrução, no processo, de uma verdade pretérita. Não obstante tal proposição, importa acompanhar Marinoni e Arenhart quando mencionam outra abordagem sobre a relação entre prova e verdade, ao afirmarem que o restabelecimento dos fatos pretéritos é, na realidade, uma empreitada irrealizável.

Como ponto de partida para a reflexão que ora se propõe, oportuno frisar que "a verdade, enquanto essência do objeto, jamais pode ser atingida se esse objeto está no passado, porque não se pode mais recuperar o que já passou; de outra banda, também a idéia de certeza somente pode ser concebida no nível subjetivo específico, sendo que esse conceito pode variar de pessoa para pessoa – o que demonstra a relatividade da noção.

---

[239] MARINONI, Luiz Guilherme; ARENHART, Sérgio Cruz. *Comentários ao Código de Processo Civil*, v. 5: do processo de conhecimento, arts. 332 a 341, tomo 1. São Paulo: Revista dos Tribunais, 2005, p. 54.

[240] Prescreve o artigo 332 do CPC: "Todos os meios legais, bem como os moralmente legítimos, ainda que não especificados neste Código, são hábeis para provar a verdade dos fatos, em que se funda a ação ou a defesa". BRASIL. Lei 5.869, de 11 de janeiro de 1973 (Institui o Código de Processo Civil). A pretensão retratada neste artigo, de que os meios legais de prova são hábeis à reconstrução da verdade dos fatos, tem por fundamento uma visão racionalista sobre o processo e na crença da capacidade deste em reproduzir uma verdade. Sobre tal perspectiva, com respectiva crítica, conforme visto anteriormente.

O juiz não é um historiador; se fosse não deveria ser recrutado dentre bacharéis em Direito, mas sim entre graduados em História".[241]

De acordo com tal proposição conclui-se que justificar a finalidade da prova na perquirição da verdade não passa algo idealizado, que guia e legitima o processo. Contudo, sob uma ótica mais realista, o que se constata é que a prova é um elemento que serve à sustentação de cada uma das argumentações apresentadas no diálogo judicial, sendo "elemento de convencimento do Estado-jurisdição sobre qual das partes deverá ser beneficiada com a proteção jurídica do órgão estatal".[242]

Em outro termos, sustentam Marinoni e Arenhart que "a decisão judicial é legitimada pelo procedimento que a precede. São a forma e as garantias que permeiam o procedimento que permitem que a decisão daí emanada seja legítima e represente, *ipso facto*, a manifestação de um Estado de Direito. E essa legitimação se dá na proporção direta do grau de participação que se autoriza aos sujeitos envolvidos no conflito para a formação do convencimento judicial. Assim é que essa participação se dá, em linhas genéricas, por intermédio de *alegações* e de *comprovações*; permite-se que as partes afirmem as situações de fato e de direito (em suma, os fatos jurídicos) que embasam suas pretensões ou suas exceções e, como conseqüência necessária, confere-se a ela a oportunidade de comprovar (*rectius*, a convencer ao magistrado) que tais afirmações de fato são verossímeis. A prova assume, então, um papel de argumento retórico, elemento de argumentação, dirigido a convencer o magistrado de que a afirmação feita pela parte, no sentido de que alguma coisa efetivamente ocorreu, merece crédito".[243]

Esta distinção, entre uma pretensa relação direta entre verdade e prova, de um lado, e a prova como elemento de argumentação, de outro, merece ser melhor explorada, porquanto não se trata de perspectivas excludentes. Pelo contrário, existe entre elas uma polaridade assimétrica,[244] o que pode ser verificado a partir da distinção entre uma concepção per-

---

[241] MARINONI, Luiz Guilherme; ARENHART, Sérgio Cruz. *Comentários ao Código de Processo Civil*, v. 5: do processo de conhecimento, arts. 332 a 341, tomo 1. São Paulo: Revista dos Tribunais, 2005, p. 90-91.

[242] Idem, p. 83.

[243] Idem, p. 83-84.

[244] KNIJNIK, Danilo. *A prova nos juízos cível, penal e tributário*. Rio de Janeiro: Forense, 2007, p. 10-11. No dizer do autor, "só se pode aludir a um "modelo" *demonstrativo* ou *persuasivo* para fins didáticos. Eles não existem em formas puras. São, antes disso, tendências que se pronunciam aqui e ali, não havendo 'um modelo epistemológico definido, unitário'. E mais do que isso: não se apresentam antinômicos, mas em relação de *polaridade e de forma assimétrica*. Quer dizer: os institutos de direito probatório ora pendem para uma dimensão demonstrativa, ora para uma persuasiva, conforme as necessidades. A título de exemplo, a regulação do procedimento probatório pende para o demonstrativo; o controle do juízo de fato e da fundamentação pende para o persuasivo".

suasiva e uma concepção demonstrativa sobre a prova, que nada mais são do que denominações diversas para aquelas categorias referidas.

Assim, na lição de Knijnik, melhor explicando a concepção demonstrativa, tem-se que, neste modelo "a prova tem por finalidade reconstruir o fato no processo, para, depois, separadamente, resolver-se a questão de direito. Seu *ponto de partida* é a *autonomia do mundo fático*. Supõe viável uma atividade empírica que introduza a verdade nos autos. Isso pode ser visto, por exemplo, em decisões que atribuem um elevado grau de certeza ao convencimento do juiz, privilegiando a conclusão deste em detrimento do ponto de vista diverso. Daí por que seu *ponto de chegada* é apreensão do mundo fenomênico, a denominada *"verdade real"* ou *"verdade total"*: são os fatos, como eles ocorrem, em sua inteireza".[245]

De outro lado, pela concepção persuasiva, parte-se da colocação em dúvida da possibilidade de, no processo, ser feita a reconstrução dos fatos conforme eles realmente ocorreram – para o posterior enquadramento jurídico – na medida em que imaginar que "a instrução probatória tenha por finalidade atingir a verdade histórica dos fatos não só é um mito, mas também é uma *afirmação duvidosa*". Ademais, se o ponto de partida é diverso da concepção demonstrativa, também o será o ponto de chegada, de modo que, no modelo persuasivo, "busca-se uma reconstrução próxima da realidade, mas não a própria realidade, valorizando-se o diálogo das partes na formação da questão de fato".[246]

Ter claros tais modelos é importante inclusive para que não se chegue à conclusão de que inexiste uma relação entre prova e verdade ou, em outros termos, de que o processo civil esteja vinculado apenas com uma verdade formal. Não é este o caso. Recorrendo-se uma vez mais a Knijnik, importa realçar que, quanto àquelas concepções, "o que não existe é um *vínculo conceitual* entre ambos, porque impraticável, permanecendo um *vínculo teleológico*: é altamente desejável que o sistema chegue a um juízo de fato o mais próximo da verdade, mas é preciso ter clara consciência de que aquilo que está provado pode ser falso; e o que não foi provado ser verdadeiro. À luz dessa consciência, é preciso que o sistema e principalmente o aplicador estejam sempre voltados à prevenção do erro, não confiando, ingenuamente, na possibilidade de reconstruir os fatos tais quais eles ocorreram no passado".[247]

Estas considerações são especialmente relevantes para o escopo deste trabalho, especialmente no que importa à prevenção do erro no ato de

---

[245] KNIJNIK, Danilo. *A prova nos juízos cível, penal e tributário*. Rio de Janeiro: Forense, 2007, p. 11-12.
[246] Idem, p. 12.
[247] Idem, p. 14.

julgamento, quer dizer, da possibilidade de atribuir o direito a quem não o tem ou, pior, de não atribuir o direito a quem tem razão.

Vale lembrar: está-se focando a tutela jurisdicional do meio ambiente, objetivando, em síntese, a reparação de um dano ou evitar sua ocorrência e, conforme já visto, trata-se de um dano complexo, de difícil e incerta reparação, que viola um bem de alta relevância.

Tem-se, assim, que o modelo probatório posto no sistema legal tem moldes demonstrativos, quer dizer, pretensão de reconstrução, no processo, de uma verdade histórica, pretérita. Ora, não resta dúvida de que tal empreitada é difícil, quiçá impossível. Cresce, deste modo, a abordagem persuasiva quanto à prova, compreendendo-a como elemento de argumentação para a formação do convencimento judicial.

Diante de um modelo persuasivo, onde o diálogo e a retórica, convalidados por elementos probatórios, ganham especial relevância, imperativo concluir que neste jogo há que se extrapolar os limites demonstrativos da prova, acrescendo-se as variantes e peculiaridades do direito material em voga e, por conseguinte, crescendo tanto a importância de uma maior participação judicial na instrução – cognição, formação de seu convencimento – quanto uma maior sensibilidade do julgador quanto ao bem envolvido e à importância de protegê-lo.

Quer-se dizer, por conseguinte, que a formação do convencimento judicial em demandas envolvendo o bem ambiental – sua reparação ou prevenção do dano – deve ter uma abordagem totalmente diferenciada, promovendo uma conformação apropriada, conforme abordar-se-á oportunamente.

Não obstante, seja considerando a prova como meio de reconstituição da verdade, seja considerando-a como elemento de argumentação, respaldando as alegações feitas pelas partes, há entre estas abordagens um elemento comum: o destinatário. A prova se destina ao juiz e a contribuir com a formação do seu convencimento, logo, inquestionável que esteja sempre vinculada às situações do mundo real, geralmente passadas, pois é a partir desta realidade que será direcionada a decisão judicial.

Definido o objeto e finalidade da prova, há que se tratar de tema relacionado, tocante à prova direta ou indireta.

Carnelutti, após sublinhar que "o conhecimento de um fato por parte do juiz não se pode obter sem *que ele perceba algo com os próprios sentidos*", conclui que "esse *algo* que o juiz percebe com os próprios sentidos pode ser *o mesmo fato que se deve provar* ou *um fato diverso daquele*".[248]

---

[248] CARNELUTTI, Francesco. *A prova civil: parte geral*: o conceito jurídico da prova. Tradução Amilcare Carletti. São Paulo: Leud, 2002, p. 81.

Quando se tratar do mesmo fato, fala-se em prova direta, pois "se refere ao próprio fato probando, como por exemplo, o documento público exibido para demonstrar o domínio sobre um imóvel".[249] De outro lado, a prova será indireta, quando se buscar provar um fato diverso daquele que deve ser provado, de modo que, "por meio de uma operação mental (raciocínio, dedução), permite chegar ao fato objeto da prova. Exemplo: danos causados a plantações, que poderão indicar prática de turbação".[250]

Questão interessante refere-se à existência ou não de hierarquia entre a prova direta e a indireta.

Segundo Carnelutti, "a excelência da prova direta sobre a indireta não precisa ser colocada em relevo; quanto mais próximo é o fato a ser provado pelos sentidos do juiz tanto mais a prova é certa".[251]

A assertiva, na medida em que excessivamente apegada à acentuada vinculação entre prova e verdade, merece ser posta em xeque.

No caso específico da prova do dano ambiental, sua origem e nexo de causalidade – ou ainda, a questão relacionada ao risco de dano – a prova direta torna-se especialmente dificultosa, de modo que sobressai a relevância da prova indireta, pela qual se possa propiciar o convencimento do juiz com base em indícios e presunções.

É de se afirmar, deste modo, que à prova indiciária ou presuntiva se deve atribuir igual quilate que à prova direta, porquanto, de acordo com o escopo deste trabalho, esta perspectiva se ajusta mais adequadamente às particularidades do direito material ambiental e, por conseguinte, às suas hipóteses e especificidades de dano.

No mais, vale citar as conclusões de Knijnik sobre a equivalência entre prova direta e indireta, apresentadas nos seguintes termos: "a) não há distinções ontológicas entre a prova indiciária e a prova direta, podendo o julgador, pelo princípio da livre convicção, formar o juízo de fato com base na prova indireta; b) em determinados casos, tal prova, outrossim, não será subsidiária, mas a única possível e compatível com a natureza da causa; c) o que existe é uma maior chance de erro, a impor cuidados e cautelas adicionais; d) quando se está no terreno da prova indiciária, "o cuidado é requerido. A inferência é um processo imperfeito, e o juiz tem o dever de prevenir decisões baseadas em conjecturas, especulações e palpites".[252]

Desta passagem merece menção – além do destaque quanto à possibilidade de a prova indireta ser a única possível em certas situações – a

---

[249] LOPES, João Batista. *A prova no direito processual civil*. São Paulo: Revista dos Tribunais, 2007, p. 35.
[250] Idem, ibidem
[251] CARNELUTTI, Francesco. *A prova civil:* parte geral: o conceito jurídico da prova. Tradução Amilcare Carletti. São Paulo: LEUD, 2002, p. 82.
[252] KNIJNIK, Danilo. *A prova nos juízos cível, penal e tributário*. Rio de Janeiro: Forense, 2007, p. 31.

referência ao princípio da livre convicção, porquanto, noção alinhada à valoração da prova, isto é, à apreciação sobre se a prova cumpriu ou não sua finalidade de convencimento do juízo.

Se a prova tem por finalidade contribuir para o convencimento do juiz, convalidando o jogo retórico que se inicia com as alegações de fato, a valoração da prova é atribuição exclusiva do magistrado. Contudo, ao magistrado não é facultado valorar a prova com total liberdade, há critérios.

Nesse passo, é importante ter bem definido o modelo de valoração adotado em dado sistema jurídico.

São três os critérios de valoração das provas apresentados: o positivo ou legal, o da livre convicção e o da persuasão racional ou do livre convencimento motivado.

O critério positivo ou legal é explicado por Didier Jr. et alii, quando lecionam que "as regras legais estabelecem os casos em que o juiz deve considerar provado, ou não, um fato; em que atribui, ou não, valor a uma testemunha; quando há prova plena ou semiplena. Há o tarifamento das provas, uma vez que cada prova tem como que tabelado o seu valor, do qual não há como o magistrado fugir".[253]

Já pelo critério da livre convicção – válido nos julgamentos realizados por júri popular – o magistrado tem total liberdade para valoração das provas, não estando vinculado a qualquer regra legal, seja para definir as espécies de prova diante de um certo caso, seja para valorá-las.[254]

Por fim, o sistema da persuasão racional ou livre convencimento motivado, ao qual se dá atenção, uma vez que é o adotado pelo Código de Processo Civil brasileiro.

Este critério representa um aprimoramento em relação ao da livre convicção, pois, embora dê liberdade ao magistrado, ao mesmo tempo impõe limites e conformações, fixados na lei.

Pelo sistema da valoração pelo livre convencimento motivado, o magistrado deve levar em conta os contornos probatórios fixados na lei, contudo, tem liberdade para, a partir das provas produzidas, enveredar no sentido da alegação que melhor o convença, sendo necessário, por fim, que apresente motivadamente as razões lógicas que conformam a conclusão alcançada.

Didier Jr. et alii tratam do livre convencimento e vinculação às previsões legais do seguinte modo: "a existência de dispositivos legais relacionados à prova não impede a livre apreciação do material probatório pelo

---

[253] DIDIER JR., Fredie; BRAGA, Paula Sarno; OLIVEIRA, Rafael. *Curso de Direito Processual Civil*, volume 2: direito probatório, decisão judicial, cumprimento e liquidação da sentença e coisa julgada. Salvador: JusPODIVM, 2008, p. 41.

[254] Idem, p. 42.

magistrado; apenas a direciona, estabelecendo parâmetros. Temos, portanto, um sistema de valoração da provas de acordo com o livre convencimento do magistrado, balizado em alguns momentos pelo legislador, como forma de evitar decisões arbitrárias, baseadas em interpretações bem pessoais do material probatório formado, bem como, e por isso mesmo, resguardada a segurança jurídica".[255]

Cintra, Grinover e Dinamarco, de outro modo, conceituam o sistema da persuasão racional na seguinte passagem: "o sistema da persuasão racional, ou do *livre convencimento*, é o acolhido em nosso direito, que o consagra através do art. 131 do Código de Processo Civil, *verbis*: 'o juiz apreciará livremente a prova, atendendo aos fatos e circunstâncias constantes nos autos, ainda que não alegados pelas partes'; mas deverá indicar, na decisão, os motivos que lhe formaram o convencimento. Persuasão racional, no sistema do devido processo legal, significa convencimento formado com liberdade intelectual, mas sempre apoiado na prova constante nos autos e acompanhado do dever de fornecer a motivação dos caminhos do raciocínio que conduziram o juiz à conclusão".[256]

Uma vez feita a apresentação dos principais contornos envolvendo o instituto da prova, é de se apontar, por derradeiro, as suas espécies, quer dizer, os meios de prova permitidos pelo sistema processual, compreendidos como o "mecanismo pelo qual se busca levar ao conhecimento do juiz a ocorrência dos fatos".[257]

Na forma prevista no Artigo 332 do Código de Processo Civil, "todos os meios legais, bem como os moralmente legítimos, ainda que não especificados neste Código, são hábeis para provar a verdade dos fatos, em que se funda a ação ou a defesa".

Diante da amplitude do referido dispositivo, faz-se a distinção dos meios de prova em típicos e atípicos, considerando-se típicos aqueles que contam com expressa previsão em lei, e atípicos aqueles que não encontram previsão legal.

Didier Jr. *et alli* tratam do tema dos meios atípicos de prova do seguinte modo: "a prova cibernética, a reconstituição de fatos e a prova emprestada. São provas atípicas (inominadas), pois, com elas, se busca 'a obtenção de conhecimentos sobre fatos por formas diversas daquela pre-

---

[255] DIDIER JR., Fredie; BRAGA, Paula Sarno; OLIVEIRA, Rafael. *Curso de Direito Processual Civil*, volume 2: direito probatório, decisão judicial, cumprimento e liquidação da sentença e coisa julgada. Salvador: JusPODIVM, 2008, p. 43-44.

[256] CINTRA, Antonio Carlos de Araújo; GRINOVER, Ada Pellegrini; DINAMARCO, Cândido Rangel. *Teoria Geral do Processo*. São Paulo: Malheiros, 2008, p. 377.

[257] WAMBIER, Luiz Rodrigues; ALMEIDA, Flávio Renato Correia; TALAMINI, Eduardo. *Curso avançado de processo civil: teoria geral do processo e processo de conhecimento – volume 1*. São Paulo: Revista dos Tribunais, 2002, p. 439.

vista na lei para as provas chamadas típicas'. E a ausência de disciplina legislativa exige que o juiz atente, no momento de sua produção, para os princípios que norteiam a teoria geral da prova, sobretudo os princípios do contraditório e da ampla defesa".[258]

De outro lado, são espécies de prova legalmente previstas: depoimento pessoal, confissão, exibição de documento ou coisa, documental, testemunhal, pericial e inspeção judicial.

O depoimento pessoal decorre da compreensão de que "quem melhor conhece os fatos que originam a relação conflituosa são as pessoas nela envolvidas", de modo que o "depoimento pessoal é o meio de prova pelo qual o juiz conhece dos fatos litigiosos ouvindo-os diretamente das partes".[259]

A confissão, a seu turno, "é meio de prova, pois revela ao juiz a verdade de um fato que tenha sido alegado por uma das partes e, embora contrariando seu interesse, é admitido pelo confitente".[260]

A prova documental, também denominada real, pois se refere a uma coisa, significa a apresentação em juízo de um documento, entendido como objeto que tenha cristalizado "um fato transeunte, tornando-o, sob certo aspecto, permanente", pois o "documento tem a função de tornar fixo, estático, um momento da vida humana. O fato, que acontece e desaparece, torna-se permanentemente retratado no documento, que exatamente a isso se presta".[261]

São objetos aptos à produção de prova documental os documentos ou papéis escritos, fotografias ou mapas, pouco importando "o material que é utilizado – para caracterizar documento basta a existência de uma coisa (inanimada) que traga em si caracteres suficientes para atestar que um fato ocorreu".[262]

A exibição de documento ou coisa, por sua vez, tem a seguinte justificação apresenta por Wambier, Almeida e Talamini: "Em regra, cabe à parte produzir a prova de suas alegações, apenas excepcionalmente se admitindo possa a prova que lhe aproveita ser obtida por ato de outrem. Todavia, há situações em que a parte se encontra impossibilitada de produzir a prova, mas ela não é inviável. Existe o objeto hábil a servir de

---

[258] DIDIER JR., Fredie; BRAGA, Paula Sarno; OLIVEIRA, Rafael. *Curso de Direito Processual Civil*, volume 2: direito probatório, decisão judicial, cumprimento e liquidação da sentença e coisa julgada. Salvador: JusPODIVM, 2008, p. 50.

[259] WAMBIER, Luiz Rodrigues; ALMEIDA, Flávio Renato Correia; TALAMINI, Eduardo. *Curso avançado de processo civil: teoria geral do processo e processo de conhecimento – volume 1*. São Paulo: Revista dos Tribunais, 2002, p. 458.

[260] Idem, p. 463.

[261] Idem, p. 468-469.

[262] Idem, p. 468.

prova, mas ele não se encontra na esfera de disponibilidade da parte a quem a prova interessaria".[263]

Nesta hipótese, a "exibição de documento ou coisa é o meio de prova pelo qual a produção se dá não por quem a prova aproveita, mas pela parte contrária ou por terceiro, ou ainda por iniciativa do juiz".[264]

Sobre a exibição de documento ou coisa, aliás, é de se fazer referência que tanto a Lei da Ação Popular[265] quanto a Lei da Ação Civil Pública[266] preveem a possibilidade de os legitimados ativos, sujeitos individuais ou coletivos, antes da propositura da demanda, requisitarem certidões ou fotocópias de documentos a entidades ou autoridades públicas, inclusive aquelas que, potencialmente, serão demandadas. Em caso de negativa de fornecimento, a ação poderá ser proposta desacompanhada dos referidos documentos e, provocada pela parte ou de ofício, poderá o juiz requisitá-las.

Enquanto espécie de prova, tem-se ainda a prova testemunhal, consistente na "reprodução oral do que se encontra guardado na memória daqueles que, não sendo parte, presenciaram ou tiveram notícia dos fatos da demanda".[267]

A prova pericial, de elevada importância em demandas envolvendo o bem ambiental, é voltada à elucidação de fatos complexos, na medida em que a percepção destes "demanda conhecimentos científicos que o juiz não está obrigado a ter, necessitando de um auxiliar com formação acadêmica na área relativa ao fato a provar, para formar a convicção correta do fato acontecido".[268] Denomina-se perícia "o meio de prova destinado a esclarecer o juiz sobre circunstâncias relativas aos fatos conflituosos, que envolvem conhecimentos técnicos ou científicos".[269]

Por derradeiro, a inspeção judicial, compreendida como "o meio de prova pelo qual o próprio juiz examina pessoas, coisas ou locais, sempre que os demais meios de prova se mostrarem insuficientes para o seu convencimento".[270]

---

[263] WAMBIER, Luiz Rodrigues; ALMEIDA, Flávio Renato Correia; TALAMINI, Eduardo. *Curso avançado de processo civil: teoria geral do processo e processo de conhecimento – volume 1*. São Paulo: Revista dos Tribunais, 2002, p. 475.

[264] Idem, ibidem.

[265] Artigo 1º, parágrafos 4º, 5º e 6º. BRASIL. *Lei 4.717, de 29 de junho de 1965 (Regula a ação popular)*.

[266] Artigo 8º. BRASIL. *Lei 7.347, de 24 de julho de 1985 (Disciplina a ação civil pública de responsabilidade por danos causados ao meio ambiente, ao consumidor, a bens e direitos de valor artístico, estético, histórico, turístico e paisagístico e dá outras providências)*.

[267] WAMBIER; ALMEIDA; TALAMINI, Eduardo. Op. cit., p. 479.

[268] Idem, p. 486.

[269] Idem, p. 487.

[270] WAMBIER; ALMEIDA; TALAMINI, Eduardo. Op. cit., p. 493.

Uma vez apresentada, em contornos gerais, a questão da prova, oportuno refletir sobre suas dimensões atuais.

Conforme referido alhures, o processo civil, ainda que com mudanças na forma hodiernamente posta pelo ordenamento, indubitavelmente tem influência de matriz individualista e repercussão, via de consequência, no direito probatório. Modelagens, portanto, inapropriadas para a tutela dos direitos difusos.

Pretende-se, no capítulo seguinte, demonstrar o que se compreende como um tratamento diferenciado de toda a questão relacionada à prova, seja para a adequada tutela do meio ambiente, seja como incentivo ao exercício da cidadania pela via jurisdicional.

Deste modo, serão tratadas questões pontuais do direito probatório relacionadas à tutela do meio ambiente, especialmente a questão da prova em relação à responsabilização civil por danos ao meio ambiente: a restauração e a prevenção dos danos ambientais pela via jurisdicional; bem como a questão da distribuição do ônus da prova, como mecanismo de facilitação do acesso à justiça.

2.3. Síntese do capítulo

No primeiro capítulo foi demonstrado um contexto de crise ambiental que, percebido pela sociedade e pelo Estado, implica a opção pela irresponsabilidade organizada ou, alternativamente, uma conformação estatal mais apropriada para lidar com os problemas envolvendo o meio ambiente. Deste modo, foram delineados os contornos do Estado de Direito Ambiental, enquanto proposta que, guiada pelos princípios da responsabilização e do poluidor-pagador, da precaução e da prevenção e da participação, estaria mais apta a gerir o meio ambiente. De acordo com esta opção, foram realçadas a importância do bem ambiental, sua colocação constitucional, as peculiaridades e dimensões dos danos a este bem, assim como demonstrado o que se entende por uma ampliação da cidadania, especialmente no que toca ao meio ambiente.

Fixadas aquelas premissas, no capítulo que ora se encerra, foi tratada a jurisdição, enquanto manifestação do poder estatal, indicando a evolução do processo, seu instrumento, para lidar com os interesses difusos e coletivos, realçando-se sua ligação com o meio ambiente.

Como estágio atual do processo civil, em nível legislativo, foram analisadas a Ação Popular e a Ação Civil Pública, entendidas como instrumentos modernos e com contornos básicos apropriados à tutela jurisdicional do meio ambiente.

Foi destacado que, por força de ajustes constitucionais, jurisprudenciais e doutrinários, atualmente, ambas as ações têm características muito semelhantes, merecendo enfatizar: (i) legitimação dos cidadãos para propô-las, em associação ou isoladamente; (ii) isenção de custas processuais; (iii) relativização da coisa julgada material, em caso de julgamento de improcedência por insuficiência de provas; (iv) cargas e amplitudes idênticas, na medida que ambas servem para desconstituir ato lesivo ao meio ambiente, reparação de danos ambientais, prevenção de ocorrência de danos (tutela inibitória) e cessação de atos ou fatos que possam implicar em danos ao meio ambiente (tutela de remoção do ilícito) e (v) não possuem regulamentação própria quanto à questão da prova.

Destacou-se, ainda, que, muito embora a disponibilização de tais ações, outros ajustes no tocante à jurisdição e ao processo devem ser proporcionados, de modo que se realçou, inicialmente, a ampliação dos poderes do juiz na instrução do processo, enfatizando a necessidade de que o magistrado deve ter uma atuação mais acentuada quando a demanda envolver o bem ambiental e tiver sido proposta por cidadãos.

Por fim, fez-se a contextualização do direito probatório, buscando fixar as bases do tema a ser explorado do último capítulo, referente ao tratamento diferenciado da questão probatória para promover a mais adequada tutela do meio ambiente e incentivar a cidadania pela via jurisdicional.

3. Tratamento da prova na jurisdição ambiental: entre a utilidade instrumental e o incentivo à cidadania ambiental

Como referido anteriormente, tanto a Lei da Ação Popular quanto a Lei da Ação Civil Pública não trazem regulamentação sobre a questão da prova, ambas remetendo, neste particular, assim como em outras questões, à aplicação do Código de Processo Civil.

Se de regra quem tem legitimidade para propor uma demanda é o cidadão, individual ou coletivamente, segundo as regras previstas no Código de Processo Civil, por conseguinte, em tal moldagem, caberá ao autor da ação fazer prova dos atos constitutivos do seu direito – ou do direito alegado – logo, provar de que determinado agente foi responsável pela lesão ou ameaça de lesão ao meio ambiente; provar o dano ou o risco de dano e provar o nexo de causalidade entre a ação e o dano ou ameaça de dano.

Nos casos em que estiverem evidentes os três elementos, fácil a caracterização da responsabilidade civil. Contudo, em casos mais complexos – considerando-se que o dano ambiental tem dimensões e projeções várias, que muitas vezes só são perceptíveis depois de decorrido certo lapso temporal, dificultando, por conseguinte, demonstrar o elo entre o dano e o evento que lhe deu causa – a produção da prova será mais dificultosa e, por conseguinte, onerosa, tornando-se até mesmo impossível àquele indivíduo que se dispôs a enfrentar uma demanda judicial.

Agravam-se os problemas nas hipóteses de danos originados por ações ou omissões de diversos agentes, ou ainda naquelas situações onde o que se busca não é a reparação do dano, mas, justamente, evitá-lo.

Conforme já restou demonstrado, a prova, ao mesmo tempo em que é ponto nuclear para o deslinde do processo, pode trazer enormes dificuldades para a sua realização – ou encargo excessivamente oneroso para que a parte vulnerável da relação processual consiga dela se desincumbir.

A ausência de mecanismos para a superação destas dificuldades implica, portanto, na manutenção de barreiras que dificultam o acesso à justiça e, ao mesmo tempo, podem obstar a adequada tutela do meio ambiente.

Se não houver prova dos pressupostos da responsabilidade civil não haverá, por conseguinte, como impor ao suposto degradador o dever de promover a reparação do dano causado ao meio ambiente. Do mesmo modo, ausente a demonstração de certos pressupostos, não haverá como impor a alguém que cesse determinada atividade que esteja colocando em risco o meio ambiente. Eis a conclusão a partir da leitura das regras do Código de Processo Civil, conforme adiante será melhor tratado.

Ocorre que, por outra abordagem, de acordo com as proposições apresentadas neste trabalho, o regramento probatório, nas ações voltadas à tutela do meio ambiente, não podem ter aplicação idêntica àquela estruturada naquele individualista diploma processual. Ora, se estamos diante de um macrobem que, dentre tantas outras peculiaridades, não é de titularidade individual, mas difusa, no aspecto processual e probatório como tal deve ser tratado.

Soma-se à particularidade do bem a questão do acesso à justiça. A regulamentação da prova, como de resto de todo o processo, necessita ser moldada, visando conformar a facilitação deste acesso.

3.1. Adequação das regras de distribuição do ônus da prova

Inicia-se a abordagem sobre as possíveis adequações da questão da prova a partir das regras de distribuição do ônus da prova.

Como dito, inexiste previsão nas Leis da Ação Popular e da Ação Civil Pública sobre a distribuição do ônus probatório. Ambos os diplomas remetem ao Código de Processo Civil a disciplina dos temas não abordados.

Deste modo, pela regra do artigo 333 do Código de Processo Civil, assim ocorre a distribuição do ônus probatório: "O ônus da prova incumbe: I – ao autor, quanto ao fato constitutivo do seu direito; II – ao réu, quanto à existência de fato impeditivo, modificativo ou extintivo do direito do autor".

Volta-se a atenção ao estudo desta regra, sua insuficiência nas demandas relacionadas a direitos difusos, os ajustes legais existentes e as possibilidades de sua reestruturação.

3.1.1. Distribuição do ônus da prova

3.1.1.1. Noções gerais sobre o regramento de distribuição do ônus probatório

Neste tópico pretende-se tratar da regra de distribuição do ônus da prova, seu significado, amplitude, forma de atuação e finalidades, para então demonstrar sua inadequação em demandas judiciais que enfocam o meio ambiente. Em um segundo momento, será feito um cotejo com a Lei na Ação Civil Pública, a fim de apontar possibilidades compatíveis com a ideia de adequação do processo e seus institutos à finalidade de tutela do meio ambiente.

O direito probatório, como visto alhures, tem especial importância na dinâmica processual, enquanto técnica que, de acordo com o modo e a intensidade que for manejada, possibilitará a reconstituição, no processo, das situações vivenciadas no mundo real. Assim, de acordo com o escopo deste trabalho, a possibilidade de reproduzir nos autos os elementos para a responsabilização ou não de um agente, quando ocorrida uma lesão ao meio ambiente.

Para além desta dimensão retratada anteriormente, há outra, menos atenta a encontrar a verdade. Ocorre que o direito probatório, quando visto pelo prisma da distribuição do ônus da prova, tem um papel diverso daquele de reprodução processual da verdade, funcionando como mecanismo para a resolução dos conflitos, nos casos em que o juiz se depare com dúvida acerca de como deverá decidir a causa.

Deste modo, "afirma-se que a regra do ônus da prova se destina a iluminar o juiz que chega ao final do procedimento sem se convencer sobre como os fatos se passaram. Nesse sentido, a regra do ônus da prova é um indicativo para o juiz se livrar do estado de dúvida e, assim, definir o mérito. Tal dúvida deve ser paga pela parte que tem o ônus da prova. Se a dúvida paira sobre o fato constitutivo, essa deve ser suportada pelo autor, ocorrendo o contrário em relação aos demais fatos".[271]

O critério de distribuição do ônus da prova, portanto, somente terá relevância quando o juiz, em sede de julgamento, se deparar com a ausência ou insuficiência da prova produzida. Significa, em sentido contrário, que, se nos autos houver suficientes elementos probatórios, "não há razão para o juiz

---
[271] MARINONI, Luiz Guilherme; ARENHART, Sérgio Cruz. *Manual do processo de conhecimento*. São Paulo: Revista dos Tribunais, 2006, p. 269.

preocupar-se com a questão do ônus da prova, isto é, se tais elementos foram carreados ao processo pela parte a quem tocava o ônus de fazê-lo".[272]

Antes de aprofundar no tema, pertinente realçar o significado da expressão ônus da prova, bem como distingui-la em relação aos vocábulos obrigação e dever.

O termo ônus é entendido como o ato atribuído a certa parte e que, quando praticado, trará proveito àquele que o cumpriu. Em caso negativo, não atendido tal ônus, a resultante será apenas não gerar a situação proveitosa pretendida pela parte que tinha o encargo de fazê-lo.

A locução ônus diferencia-se, portanto, das expressões obrigação e dever, pois, nestes casos, quando não atendidos um ou outro, haverá consequências perante terceiros, isto é, do dever não cumprido, uma sanção; da obrigação não adimplida, a imposição para que o faça ou arque com os efeitos do inadimplemento.

Por estas razões, fala-se em ônus da prova e não em dever ou obrigação de provar. O cumprimento do ônus de provar trará proveito à parte incumbida de dele se desonerar; o não cumprimento, implicações apenas a este, não afetando a terceiros.

Nestes termos, no ensinamento de Wambier, Almeida e Talamini, o ônus da prova é conceituado como "a conduta que se espera da parte, para que a verdade dos fatos alegados seja admitida pelo juiz e possa ele extrair daí as consequências jurídicas pertinentes ao caso". Como a parte é a única interessada em provar a (sua) verdade e, por conseguinte, alcançar uma sentença favorável, "o ônus da prova significa o interesse da parte em produzir a prova que lhe traga consequências favoráveis".[273]

Postas tais considerações conceituais, importa destacar que o ônus da prova pode ser entendido em dupla acepção: objetiva e subjetiva.

Assim, "em sentido objetivo, ônus da prova é regra de julgamento, tendo por destinatário o juiz [lhe dizendo] como julgar, quando não há prova alguma, ou quando em dúvida invencível quanto aos fatos essenciais".[274] Tem, de outra banda, sentido subjetivo, quando a regra do ônus da prova é tida como dirigida às partes, visando dar-lhes ciência de quais fatos lhes incumbe provar.[275]

---

[272] LOPES, João Batista. *A prova no direito processual civil*. São Paulo: Revista dos Tribunais, 2007, p. 47.

[273] WAMBIER, Luiz Rodrigues; ALMEIDA, Flávio Renato Correia; TALAMINI, Eduardo. *Curso avançado de processo civil: teoria geral do processo e processo de conhecimento – volume 1*. São Paulo: Revista dos Tribunais, 2002, p. 446.

[274] TESHEINER, José Maria Rosa. Sobre o ônus da prova. In MARINONI, Luiz Guilherme (coord.). *Estudos de direito processual civil*: homenagem ao Professor Egas Dirceu Moniz de Aragão. São Paulo: Revista dos Tribunais, 2005, p. 356

[275] MARINONI, Luiz Guilherme; ARENHART, Sérgio Cruz. *Manual do processo de conhecimento*. São Paulo: Revista dos Tribunais, 2006, p. 271.

Diante de tal distinção, relevante considerar a regra de distribuição do ônus da prova em sua acepção objetiva, dirigida ao juiz, servindo, portanto, "como regra de julgamento para o juiz que, no momento de julgar, se encontra diante de um quadro de incerteza".[276] Assim sendo, quando o magistrado se deparar com elementos suficientes no processo, não terá que recorrer à regra sobre o ônus da prova para decidir. Contudo, diante da ausência ou insuficiência de provas, sendo vedado o *non liquet*, verificará quem tinha o ônus de produzir a prova e, portanto, julgará contra aquele que não se desincumbiu de tal ônus.

Quando se está tratando isoladamente da distribuição legal do ônus da prova, não assume maior relevância seu significado subjetivo. Tal faceta, como dito, visa a dar a cada uma das partes ciência de como deve proceder em matéria probatória, sendo que tal ciência ocorre previamente. Há inúmeras regras legais dispondo sobre quem deve provar em tal ou qual sentido,[277] logo, a disposição das regras sobre ônus da prova ocorre *ope legis*.

Já pelo prisma objetivo da distribuição do ônus da prova, o resultado em determinada demanda, quando o juiz se deparar com dúvida sobre a solução a ser dada a um caso concreto, será o julgamento de forma desfavorável àquele que tinha o ônus e dele não se desincumbiu satisfatoriamente.

Feitos os ajustes conceituais, pertinente destacar que a regra de distribuição do ônus da prova, não obstante sua utilidade prática para a solução de litígios, não pode deixar de ser questionada segundo uma análise crítica.

3.1.1.2. Atenuação dos efeitos da distribuição do ônus da prova em demandas coletivas: um alerta quanto ao uso na jurisdição ambiental

Se a regra de distribuição do ônus probatório tem valia para solução de casos em que as partes estão em igualdade, pleiteando direitos próprios, não promove igual resultado ao se considerar situações de direito material diferenciadas. Isto porque "vê-se que a prova, ou melhor, o uso dos meios probatórios foi colocado sob uma visão privatista, individualista e sob uma filosofia liberal, onde se vê claramente uma preocupação

---

[276] ALVES, Maristela da Silva. Esboço sobre o significado do ônus da prova no processo civil. In KNIJNIK, Danilo (coord.). *Prova judiciária*: estudos sobre o novo direito probatório. Porto Alegre: Livraria do Advogado, 2007, p. 204.

[277] Assim: Artigos 333, 337, 372 do Código de Processo Civil, BRASIL. Lei 5.869, de 11 de janeiro de 1973 (Institui o Código de Processo Civil) e Artigos 12, § 3º, e 14, § 3º, do Código de Defesa do Consumidor, BRASIL. Lei 8.078, de 11 de setembro de 1990 (Dispõe sobre a proteção do consumidor e dá outras providências).

com a preservação de uma isonomia formal que pode ser resumida no seguinte princípio: 'cada qual que prove seu direito, e por seu direito tens a liberdade de dispor não só do direito, mas dos meios que assegurem a sua comprovação'".[278]

A aceitação de manutenção de tal sistema traz reflexos desastrosos à tutela do meio ambiente. Ocorre que os parâmetros de distribuição do ônus da prova – estáticos e fundados numa igualdade meramente formal, despreocupada com a natureza e relevância do bem ambiental – poderiam acarretar a total ineficácia da tutela jurisdicional do meio ambiente, porque desatentos à complexidade da causa, bem como porque demasiado arraigados no princípio dispositivo.

Para abalizar a conclusão supra, pertinente recorrer à Abelha, quando assevera que "pode-se argumentar que a não-produção de uma prova pela parte tanto pode ser resultado de uma situação de disposição de vontade do litigante (que optou por não fazê-la) como também por causa de obstáculos dos mais variados tipos (econômicos, técnicos, científicos, sociais, jurídicos), que acabam por impedir, ou quiçá, obstaculizar a produção da prova tal como era requerida ou como poderia ter sido".[279]

A partir de tais considerações, duas observações merecem ser realçadas.

Primeiro que, prevalecendo o princípio dispositivo em demandas envolvendo o bem ambiental, em que a parte que postula não é, exclusivamente, a titular do bem, teríamos a possibilidade de conluio.

Explica-se: haveria a possibilidade de uma pessoa propor uma demanda judicial, relacionada a determinado bem ambiental violado, com desejo justamente de inviabilizar uma discussão séria sobre determinado evento lesivo ao meio ambiente. Bastaria, para tanto, após propor a demanda, dispor no sentido da não produção de determinada prova. Desta forma, no fechamento do processo, o juiz iria se deparar com a falta ou insuficiência de prova e, portanto, teria que julgar, com base na regra de distribuição do ônus da prova, pela improcedência da demanda, porquanto a parte não atendeu ao ônus probatório que legalmente lhe havia sido imposto.

Na hipótese de conluio, a parte que propôs a demanda o fez não para proteger o meio ambiente. Pretendia, isto sim, com malícia, valendo-se da regra rígida e insensível de distribuição do ônus da prova, que se operasse a coisa julgada material, tornando imutável a decisão e não mais passível de discussão aquela questão de direito material. Por conse-

---

[278] ABELHA, Marcelo. *Ação civil pública e meio ambiente*. Rio de Janeiro: Forense Universitária, 2004, p. 197.
[279] Idem, p. 198.

guinte, favorecendo a parte supostamente adversa, que não mais poderia sofrer uma ação com o mesmo objeto.

O elemento alarmante da situação supra imaginada reside na possibilidade de o próprio ordenamento processual consolidar uma lesão ao meio ambiente, que, não custa lembrar, se trata de direito que não pertence àquele que propôs a demanda, mas a toda a coletividade que ficaria inviabilizada de recorrer aos instrumentos legais para sua proteção.

Em outra abordagem, afastando-se a possibilidade de fraude, considere-se o caso de uma demanda judicial proposta por um ente legalmente legitimado, com verdadeiro compromisso de buscar a tutela do meio ambiente, mas que, por carências materiais, não consegue cumprir diligentemente o ônus de produzir a prova que lhe incumbe.

Tal situação, absolutamente realista, demonstra a verdadeira inadequação do regramento de distribuição do ônus da prova previsto no artigo 333 do Código de Processo Civil, no que concerne à tutela do meio ambiente.

Ora, a possibilidade de um ente legitimado para propor a Ação Popular ou a Ação Civil Pública não dispor de recursos econômicos, técnicos, científicos, sociais e jurídicos para se desincumbir de forma adequada do ônus de produzir a prova é uma realidade que não pode ser desprezada.

Exemplos viáveis: não dispor de documentos, ou dificuldade para acessá-los; não dispor de um profissional que atue como assistente em uma perícia; não dispor de recursos para contratar um profissional para que assim atue; não dispor de recursos para bancar o perito nomeado pelo juízo. Ou ainda, dispondo de recursos, não os ter em monta suficiente para o pagamento de um profissional habilitado, técnica e cientificamente, para tratar da situação, tendo de conformar-se com aquele que esteja de acordo com o orçamento disponível.

A insuficiência de disponibilidade financeira leva, ainda, à impossibilidade de acesso à melhor técnica disponível em dado momento, justamente pelo alto custo para acessá-la.

Em resumo: há real possibilidade de – diversamente de sua vontade – a parte ser incapaz de cumprir, com a melhor diligência e eficiência, o ônus de produção de determinada prova.

Aplicada a essas hipóteses a regra geral de distribuição do ônus da prova, o desfecho é uma decisão desfavorável àquele que se dispôs a ir a juízo para resguardar o bem difuso e, em última análise, significa negar proteção ao bem ambiental.

Diante dessa conclusão, resta clara a inadequação das regras sobre distribuição do ônus da prova, quando aplicadas em demandas ambientais, porquanto deixam de sopesar a posição dos legitimados – cidadãos

– a propor a Ação Popular ou a Ação Civil Pública, bem como o fato de a ação não acarretar proveito direto à parte, mas a toda a coletividade e, por fim, à complexidade do bem ambiental.

São oportunas as críticas formuladas por Abelha ao caráter rígido e inadequado do regramento sobre distribuição do ônus da prova: "A adoção do art. 333[280] como regra de julgamento é, nesse passo, o reconhecimento de que um caráter privado da prova penaliza aquele que não se 'desincumbiu' do seu 'ônus'. Não há o menor compromisso com a verdade (justiça) e com a ordem jurídica justa na adoção da regra de julgamento do art. 333 em caso de *non liquet*. Essa solução, vista como 'última' saída para o juiz, é na verdade uma troca de incerteza, ou seja, na falta de firmeza e decisão acerca da pertinência do direito para uma das partes, esquece-se tudo o que viu, se ouviu e sentiu ao longo da produção de provas, para então buscar-se a solução ainda menos 'certa' e com certeza 'mais fria' do que a dúvida que antes se tinha".[281]

Dentro da sistemática do Código de Processo Civil, essa decisão, ancorada na distribuição do ônus da prova, levará à formação da coisa julgada material, tornando, de regra, indiscutível e imutável a decisão. Isso significa que a parte não poderá intentar nova ação com idêntico objeto, então ao pretexto de dispor ou pretender produzir aquela prova faltante.

Tal regramento é visivelmente inadequado quando o bem posto em litígio é o meio ambiente. A distribuição do ônus da prova, tida como regra de julgamento, em litígios individuais, se justifica na medida em que a parte, postulando direito próprio, deve empenhar-se para garantir a tutela daquele que julga ser seu direito.

Mas essa mesma lógica não se deve utilizar nas ações coletivas relacionadas ao meio ambiente, bem de interesse difuso e de importância transgeracional para a sadia qualidade de vida da coletividade.

Diante destas particularidades, atentando a tais nefastas possibilidades, tanto a Lei da Ação Popular[282] quanto a da Ação Civil Pública[283] inver-

---

[280] BRASIL. Lei 5.869, de 11 de janeiro de 1973 (Institui o Código de Processo Civil). Prevê o artigo 333: "O ônus da prova incumbe: I – ao autor, quanto ao fato constitutivo do seu direito; II – ao réu, quanto à existência de fato impeditivo, modificativo ou extintivo do direito do autor".

[281] ABELHA, Marcelo. *Ação civil pública e meio ambiente*. Rio de Janeiro: Forense Universitária, 2004, p. 200.

[282] LAP, Artigo 18: "A sentença terá eficácia de coisa julgada oponível *erga omnes*, exceto no caso de haver sido a ação julgada improcedente por deficiência de prova; neste caso, qualquer cidadão poderá intentar outra ação com idêntico fundamento, valendo-se de nova prova". BRASIL. Lei 4.717, de 29 de junho de 1965 (Regula a ação popular).

[283] LACP, Art. 16: "A sentença civil fará coisa julgada *erga omnes*, nos limites da competência territorial do órgão prolator, exceto se o pedido for julgado improcedente por insuficiência de provas, hipótese em que qualquer legitimado poderá intentar outra ação com idêntico fundamento, valendo-se de nova prova". BRASIL. Lei 7.347, de 24 de julho de 1985 (Disciplina a ação civil pública de responsabi-

tem a lógica do Código de Processo Civil e fixam *"limitação à coisa julgada por ter a sentença de improcedência baseado-se em provas insuficientes"*.[284]

Trata-se de mecanismo que, embora não resolva de forma definitiva a inadequação do regramento sobre distribuição do ônus da prova, atenua os possíveis efeitos negativos decorrentes da operacionalização da coisa julgada material.

Essa opção legislativa indica a percepção de que o processo deve servir para a promoção do direito difuso posto em litígio, jamais permitindo que aquilo que deve servir de instrumento para a tutela de direitos implique, ao contrário, o seu ocaso.

Segundo Marinoni e Arenhart, a disciplina inscrita na Lei da Ação Civil Pública está comprometida com a busca da verdade substancial, pois "trata-se da assim chamada 'coisa julgada *secundum eventum litis*'; caso a demanda seja julgada improcedente por *insuficiência de provas*, a coisa julgada material não incide sobre a declaração contida na sentença, e assim a mesma ação, instruída com novas provas, pode ser novamente proposta. Ora, a intenção dessa disciplina é óbvia: ao obstar a incidência da coisa julgada material quando o juiz rejeitar a demanda por insuficiência de provas (caso em que, portanto, não há *completa* análise do mérito), autoriza-se a aplicação da velha cláusula romana do *non liquet*, podendo a parte, então, propor novamente a mesma ação".[285]

A solução prevista da Lei da Ação Civil Pública, embora de todo adequada e pertinente, não pode ser tida como definitiva ou mesmo suficiente para a proteção do meio ambiente.

Sustenta-se que, diante de uma demanda ambiental, deve-se buscar o máximo aproveitamento do processo. A possibilidade de o julgamento, diante de não convencimento, não fazer coisa julgada material, embora apropriada, deve ser empregada apenas como última hipótese.

Em matéria ambiental, não faz sentido aguardar todo o trâmite de um processo para só então se concluir que não há nele provas suficientes,

---

lidade por danos causados ao meio ambiente, ao consumidor, a bens e direitos de valor artístico, estético, histórico, turístico e paisagístico e dá outras providências). No mesmo sentido dispõe o Código de Defesa do Consumidor no Artigo 103: "Nas ações coletivas de que trata este Código, a sentença fará coisa julgada: I – *erga omnes*, exceto se o pedido for julgado improcedente por insuficiência de provas, hipótese em que qualquer legitimado poderá intentar outra ação, com idêntico fundamento, valendo-se de nova prova, na hipótese do inciso I do parágrafo único do artigo 81; II – *ultra partes*, mas limitadamente ao grupo, categoria ou classe, salvo improcedência por insuficiência de provas, nos termos do artigo anterior, quando se tratar da hipótese prevista no inciso II do parágrafo único do artigo 81". BRASIL. Lei 8.078, de 11 de setembro de 1990 (Dispõe sobre a proteção do consumidor e dá outras providências)

[284] Neste sentido, MARINONI, Luiz Guilherme; ARENHART, Sérgio Cruz. *Comentários ao Código de Processo Civil*, v. 5: do processo de conhecimento, arts. 332 a 341, tomo 1. São Paulo: Revista dos Tribunais, 2005, p. 138.

[285] MARINONI, Luiz Guilherme; ARENHART, Sérgio Cruz. Op. cit., p. 54.

já que o tempo do processo não pode ser utilizado contra a proteção do meio ambiente. Assim, necessário manejar o processo de forma ótima, para extrair dele o máximo proveito. Significa que, havendo possibilidade de se colher a prova durante o processo, não há razão para, diante da inércia ou impossibilidade da parte, deixar que a questão seja novamente tratada em outra demanda.

Neste sentido, retomando-se a ideia da necessidade de maior participação do magistrado, Marinoni e Arenhart destacam que "o juiz pode produzir prova de ofício, especialmente nas demandas coletivas, dada a relevância do direito material em litígio e o fato de apenas um dos legitimados à sua defesa estar em juízo. Assim, a insuficiência de provas somente pode ser o resultado de um processo em que se deu às partes e ao juiz a devida oportunidade de participação. Recorde-se, apenas para evitar mal entendidos, que se o juiz souber que existe uma prova que não foi utilizada pela parte, deve determinar a sua produção de ofício, o que obriga a distinção entre a *impossibilidade de o juiz prever uma 'nova prova' e a possibilidade dele determinar a produção de ofício de prova – que ele obviamente conhece – não utilizada pela parte*".[286]

Ademais, é de se considerar que o conceito de nova prova, a que fazem referência os artigos 18 da Lei da Ação Popular e 16 da Lei da Ação Civil Pública, não se refere apenas àquela que surge posteriormente ao trânsito em julgado do processo, pois "a 'nova prova' não é necessariamente a que surge após o trânsito em julgado do processo anterior, [mas sim aquela] não produzida na ação anterior, o que leva a crer que já poderia existir desde a época da demanda anterior. Mais que isso, a prova pode ter sido até mesmo postulada e não admitida a sua produção no processo anterior. Se assim é, nada mais lógico que admitir que o conceito englobe também as provas que não existiam à época do processo ou aquelas que, embora existentes, eram desconhecidas ou tinham seu uso impossibilitado.[287]

Assim é que, salvo na hipótese de se tomar conhecimento de nova prova após o trânsito em julgado, quando a prova está disponível durante o trâmite do processo, nada justifica que se deixe de colhê-la, nem porque a parte não foi capaz de produzi-la, nem porque o juiz optou por uma postura passiva.

Demonstrou-se, neste tópico, a inadequação do regramento sobre distribuição do ônus da prova previsto no Código de Processo Civil às demandas relacionadas à tutela do meio ambiente, tendo sido demonstrado também que tanto a Lei da Ação Popular quanto a da Ação Civil

---

[286] MARINONI, Luiz Guilherme; ARENHART, Sérgio Cruz. *Comentários ao Código de Processo Civil*, v. 5: do processo de conhecimento, arts. 332 a 341, tomo 1. São Paulo: Revista dos Tribunais, 2005, p. 139-140.

[287] ABELHA, Marcelo. *Processo civil ambiental*. São Paulo: Revista dos Tribunais, 2008, p. 175.

Pública trazem previsão relativizando a coisa julgada material, quando houver julgamento de improcedência por insuficiência de prova.

Por outro lado, apontou-se que, muito embora a pertinência destes dispositivos, tais previsões não devem ser empregadas como justificativa para uma menor atuação do juiz. Havendo conhecimento de provas, estas devem ser buscadas pelas partes e, quando não o fizerem, de acordo com a noção de maior envolvimento do juiz com o processo, este deverá determinar que sejam produzidas.

Trata-se, portanto, de empregar máximo empenho na produção de provas e esclarecimento dos fatos e eventos relacionados ao objeto do processo, para que o julgamento de improcedência por insuficiência de provas só ocorra após a constatação de que, efetivamente, tais elementos não poderiam ser trazidos aos autos, implicando na relativização da coisa julgada material, a autorizar a nova propositura da demanda quando houver novas provas. Inadmissível, por conseguinte, que tal mecanismo sirva para legitimar uma postura judicial passiva, quer dizer, de tranquilidade diante da inoperância da parte, sob a justificativa de que não se produz coisa julgada material.

A questão relacionada à distribuição do ônus da prova merece reflexão, no entanto, a partir da possibilidade de inversão do ônus probatório, tema a ser abordado a seguir.

3.1.2. Inversão do ônus probatório

Neste tópico será tratada a possibilidade de inversão do ônus probatório, analisando-se os seus pressupostos autorizadores, bem como buscando verificar como se opera tal inversão, isto é, sua amplitude e consequências.

Buscar-se-á estudar, ainda, os fundamentos jurídicos para a aplicação deste instituto em demandas relacionadas à tutela do meio ambiente.

3.1.2.1. Considerações gerais sobre a inversão do ônus da prova

A questão da distribuição do ônus da prova, apreciada pelo prisma de sua inversão, pode servir como técnica para que, diante de uma situação de dúvida, o julgamento não seja desfavorável à parte que litiga em favor da tutela de um bem ambiental, ou ainda para que, no próprio processo, a parte supostamente responsável por uma lesão ao meio ambiente assuma o ônus probatório que originariamente competia ao autor.

Segundo Alves, "inverter o ônus da prova significa liberar o encargo probatório da parte-autora em menoscabo da parte-ré" que então assumirá o ônus extraordinário de fazer prova constitutiva negativa, isto é, provar a não ocorrência do fato constitutivo alegado pelo autor e, cumulativamente, mantendo o ônus, que já tinha, de demonstrar a ocorrência de algum fato impeditivo, extintivo ou modificativo.[288]

A inversão do ônus da prova justifica-se, conforme Marinoni e Arenhart, por se tratar de uma maneira de "adequar a convicção do juiz e o processo às particularidades do direito material".[289] Deve ser aplicada, segundo Alves, a "direitos acomodados de forma excepcional", quando se deixará "de aplicar o procedimento geral em função do direito protegido".[290]

A questão da inversão do ônus da prova também pode ser vista pelo prisma das garantias fundamentais, para estendê-la além da hipótese prevista no Código de Defesa do Consumidor.[291] Neste sentido, leciona Godinho que, "em uma leitura constitucional do tema, pensamos que a inversão do ônus da prova é condicionada às peculiaridades do direito material e serve como instrumento concretizador do direito fundamental de acesso à justiça, não podendo ficar limitada às relações de consumo".[292]

A relevância da inversão do ônus da prova resta acentuada a partir de sua visualização como regra de julgamento ou regra de procedimento ou, em outros termos, sob seu aspecto objetivo ou subjetivo.

Se na questão anteriormente posta, voltada exclusivamente à regra de distribuição do ônus da prova, tais dimensões não tinham tanta relevância – já que a parte sabe de antemão qual o seu ônus, na medida que previamente disposta no ordenamento, e o juiz somente se valerá da regra em caso de dúvida – diferentemente ocorrerá nas hipóteses de inversão.

Quando se está falando em inversão do ônus probatório, ao contrário, a regra se opera *ope judicis*. É o magistrado quem decidirá se é cabível ou não inverter o ônus.

---

[288] ALVES, Maristela da Silva. Esboço sobre o significado do ônus da prova no processo civil. In KNIJNIK, Danilo (coord.). *Prova judiciária*: estudos sobre o novo direito probatório. Porto Alegre: Livraria do Advogado, 2007, p. 209.

[289] MARINONI, Luiz Guilherme; ARENHART, Sérgio Cruz. *Manual do processo de conhecimento*. São Paulo: Revista dos Tribunais, 2006, p. 276.

[290] ALVES, Maristela da Silva. Esboço sobre o significado do ônus da prova no processo civil. In KNIJNIK, Danilo (coord.). *Prova judiciária*: estudos sobre o novo direito probatório. Porto Alegre: Livraria do Advogado, 2007, p. 209.

[291] BRASIL. Lei 8.078, de 11 de setembro de 1990 (Dispõe sobre a proteção do consumidor e dá outras providências), artigo 6°, inciso VIII.

[292] GODINHO, Robson Renault. A distribuição do ônus da prova na perspectiva dos direitos fundamentais. In CAMARGO, Marcelo Novelino (org.). *Leituras complementares de direito constitucional*: direitos fundamentais. Salvador: Jus Podivm, 2007, p.305.

Para exemplificar, a partir de uma hipótese com previsão legal de inversão do ônus probatório, é de se fazer referência às disposições do Código de Defesa do Consumidor. No artigo 6º, inciso VIII, do referido diploma, faculta-se ao juiz inverter o ônus da prova quando presentes os pressupostos. Deste modo, somente haverá inversão se o juiz se convencer de que o consumidor é hipossuficiente ou que sua alegação é verossímil.

Da mesma forma, por inexistir previsão para inversão do ônus da prova em outras situações, além do Código de Defesa do Consumidor, quando for o caso em tutela de outros direitos – especialmente o meio ambiente, conforme adiante será visto – também a inversão ocorrerá *ope judicis*. Primeiro, o juiz se convencerá de ser apropriada a inversão, por qualquer um dos fundamentos antes apresentados ou a partir de outra construção exegética; e, então, se será oportuno inverter o ônus da prova diante do caso concreto apreciado.

Daí surge o debate sobre o momento em que se deve operar esta inversão: no momento do julgamento, em caso de dúvida, ou durante o processo, para dar ciência à parte que for onerada, já que, frise-se, ela não tinha ciência prévia, uma vez que não existe regra taxativa em tal sentido.

Nessas hipóteses, fundamental a reflexão sobre se a inversão do ônus da prova é regra de procedimento ou regra de julgamento, porquanto influirá em definir o momento para se decretar a inversão do *onus probandi*.

Alves, tratando especificamente do momento de inversão com amparo no Código de Defesa do Consumidor, destaca que a questão é controvertida, contudo, adota posição no sentido de que "o magistrado deve se pronunciar, no curso da relação processual, em momento anterior à instrução, respeitando assim o princípio do contraditório".[293]

Em sentido contrário, há julgado do Tribunal Regional da Terceira Região, citado por Tesheiner,[294] entendo que a inversão deve ocorrer apenas no momento da sentença, evitando o *non liquet*.

As posições opostas sobre a matéria, no entanto, parecem ser um falso problema. A regra da distribuição do ônus da prova tem um duplo significado, conforme anteriormente destacado: subjetivo e objetivo. Assim, o ônus não será subjetivo ou objetivo, nem tampouco, por conseguinte, será regra de procedimento ou regra de julgamento. A distribuição do ônus da prova, inclusive por meio da inversão, tem dupla função. Quan-

---

[293] ALVES, Maristela da Silva. Esboço sobre o significado do ônus da prova no processo civil. In KNIJNIK, Danilo (coord.). *Prova judiciária*: estudos sobre o novo direito probatório. Porto Alegre: Livraria do Advogado, 2007, p. 211.

[294] TESHEINER, José Maria Rosa. Sobre o ônus da prova. In MARINONI, Luiz Guilherme (coord.). *Estudos de direito processual civil*: homenagem ao Professor Egas Dirceu Moniz de Aragão. São Paulo: Revista dos Tribunais, 2005, p. 359.

do se fala apenas em ônus da prova, a faceta subjetiva é pouco relevante, como já destacado, mas ganhará relevo no caso de inversão, já que, nesta situação, as partes não estarão previamente cientes de seu ônus, pois, assim, frise-se, a regra operará *ope judicis*.

Daí que o fato de o juiz pronunciar-se previamente, antes da instrução, não faz a regra se tornar meramente de procedimento. Poderá o magistrado recorrer à regra da inversão novamente, na sentença, utilizando-a então como regra de julgamento, no caso de aquele a quem foi deslocado o ônus não ter feito a prova que lhe incumbia.

Sobre o tema, oportuno colacionar a reflexão de Cambi, de que "as normas de repartição do ônus da prova não são somente regras de julgamento, mas também *regras de comportamento* dirigidas às partes, tendo a finalidade de indicar, de antemão, quais os fatos que cada um dos litigantes deve provar. Se a inversão do ônus da prova for conhecida somente na sentença, será um fator que causará *surpresa*, na medida em que não se assegurará ao fornecedor [*rectius*, demandado, poluidor] o exercício satisfatório de seu direito à prova contrária, resultando na violação das garantias constitucionais do contraditório e da ampla defesa".[295]

A contradição em tomar uma ou outra posição está no fato de que, desta forma, haverá a negação do outro significado da regra de inversão.

Nada obsta, portanto, compreender a inversão do ônus da prova como regra de julgamento. Necessário se faz apenas que as partes sejam previamente comunicadas, para evitar surpresas e direcionarem a forma de atuação no processo, garantido-se a elas os sucedâneos inerentes ao princípio do contraditório e da ampla defesa, no caso de inversão. Se a parte não proceder de acordo com o ônus que lhe foi transferido, em razão da inversão, decidirá o juiz contra aquele que tinha o ônus, estava ciente e não se desincumbiu.

No que toca especialmente ao tema do presente estudo, conclui-se que, no final da demanda, havendo dúvida, especialmente no referente à constatação de possibilidade de dano ao meio ambiente, a solução seria decidir de forma contrária àquele que tinha o ônus de provar. Por força da inversão do *onus probandi*, decide-se contra a dúvida, o que se alinha sobremaneira aos princípios da precaução e da prevenção.

3.1.2.2. Inversão do ônus da prova em matéria ambiental

O estudo da distribuição do ônus da prova e, mais especificamente, a possibilidade de inversão de tal ônus, é um tema instigante relacionado

---

[295] CAMBI, Eduardo. *A prova civil:* admissibilidade e relevância. São Paulo: Revista dos Tribunais, 2006, p. 429.

ao direito ambiental adjetivo. Não obstante, nota-se que esta inversão, em litígios ambientais, tem sido fundamentada em argumentos diversos, que são, no mais das vezes, empregados isoladamente.

Passa-se a apresentar os argumentos jurídicos que objetivam fundamentar a inversão do ônus da prova em demandas ambientais, merecendo destacar que o que os diferencia é o enfoque interpretativo, a saber: à luz dos princípios da prevenção e da precaução; do princípio do poluidor-pagador; ou, por fim, com base na aplicação, na Ação Civil Pública, das regras processuais do Código de Defesa do Consumidor, o que importa na análise sistemática e teleológica do ordenamento.

Apropriado, porém, antes de analisar os referidos fundamentos, manifestar posicionamento sobre as fundamentações a seguir expostas.

O argumento central para a inversão do ônus da prova tanto na Ação Popular quanto na Ação Civil Pública, envolvendo o bem ambiental, deve ser desenvolvido com amparo no princípio do poluidor-pagador. A este será somado o princípio da participação, quando o proponente da ação for um cidadão, isoladamente ou por meio de associação, em razão de sua vulnerabilidade.

Quando a ação tiver natureza preventiva – tutela inibitória ou de remoção de ilícito – necessário recorrer aos princípios da precaução e da prevenção, de forma complementar, cujo enfoque está perfeitamente de acordo com a tutela preventiva.

Por fim, quanto à aplicação das regras processuais do Código de Defesa do Consumidor, parece não ser este um entendimento adequado.

A seguir serão expostos os fundamentos para se realizar a inversão do ônus da prova e, quando for o caso, desenvolvida a devida crítica.

O argumento no sentido de se inverter o ônus da prova com amparo no princípio do poluidor-pagador decorre da proposição referente à internalização dos custos da atividade e da plena responsabilização, conforme já abordado. Significa que cumpre àquele cuja atividade seja poluente ou degradante, ainda que potencialmente, prevenir, ressarcir e reprimir os danos do empreendimento, o que implicaria, via de consequência, provar que promoveu esta internalização.

Marchesan e Steigleder, em trabalho dedicado à análise dos argumentos jurídicos para a inversão do ônus da prova, abordam o tema pela perspectiva do princípio do poluidor-pagador, ocasião em que sustentam que a "internalização dos custos da atividade deve ser o mais abrangente possível, de molde a também comportar o custeio de provas a serem produzidas nas demandas sofridas pelo poluidor".[296]

---

[296] MARCHESAN, Ana Maria Moreira; STEIGLEDER, Anelise. Fundamentos jurídicos para a inversão do ônus da prova nas ações civis públicas por danos ambientais. *Revista da Ajuris* n. 90. Porto Alegre: AJURIS, 2003, p. 23.

Steigleder defende ainda que a aplicação do princípio do poluidor-pagador teria inicialmente papel destacado ao impor ao empreendedor todos os ônus da elaboração do Eia-Rima,[297] quando o "mesmo raciocínio vem sendo desenvolvido para justificar a inversão do ônus da prova ainda na fase investigatória do inquérito civil e na fase judicial, quando já ajuizada a ação civil pública".[298]

À luz do referido princípio, transfere-se ao empreendedor o papel de garante da incolumidade da atividade, ou seja, evita que ele externalize os custos negativos do processo produtivo. Assim, "assenta-se este princípio na vocação redistributiva do Direito Ambiental e se inspira na teoria econômica de que os custos sociais externos que acompanham o processo produtivo (*v.g.*, o custo resultante dos danos ambientais) precisam ser internalizados, vale dizer, que os agentes econômicos devem levá-los em conta ao elaborar os custos de produção e, conseqüentemente, assumi-los".[299]

Desta forma, extrai-se do argumento supra apresentado que a inversão do ônus da prova estaria vinculada à imposição ao responsável pela atividade potencialmente lesiva, que assumisse, igualmente, dentro da ideia de internalização, o encargo de demonstrar que sua atividade não é lesiva ou, sendo, que adotou todas as medidas preventivas, reparatórias ou compensatórias.

Convalida-se tal entendimento a partir daquilo que fora tratado quanto à relevância e complexidade do bem ambiental, de modo que aquele que se utilize dos recursos naturais no processo produtivo, ou então que, durante a instalação ou operação de uma obra ou atividade afete de qualquer modo o meio ambiente, além do licenciamento ambiental e respectivos estudos, quando tiver os impactos do empreendimento questionados judicialmente, deve assumir o ônus de demonstrar sua regularidade ambiental e comprovadamente afastar as alegações que estejam colocando em xeque o empreendimento.

Significa que, sendo atribuído a algum agente a causa de um dano ou risco de dano ao meio ambiente, os elementos desta alegação não precisam ser cabalmente comprovados pelos proponentes de uma Ação Popular ou Ação Civil Pública, mas o demandado deve ficar incumbido de

---

[297] Estudo de Impacto Ambiental e Relatório de Impacto Ambiental, previsto constitucionalmente do inciso IV, do § 1º, do artigo 225 da Constituição Federal, nos seguintes termos: "IV – exigir, na forma da lei, para instalação de obra ou atividade potencialmente causadora de significativa degradação do meio ambiente, estudo prévio de impacto ambiental, a que se dará publicidade". BRASIL. *Constituição da República Federativa do Brasil de 1988.*

[298] STEIGLEDER, Annelise Monteiro. *Responsabilidade civil ambiental:* as dimensões do dano ambiental no direito brasileiro. Porto Alegre: Livraria do Advogado, 2004, p. 191.

[299] MILARÉ, Édis. *Direito do ambiente: doutrina, jurisprudência e glossário.* São Paulo: Revista dos Tribunais, 2005, p. 163-164.

fazer prova da ausência: do dano, do risco de dano, do nexo causal ou, ainda, de que medidas compensatórias ou mitigatórias foram tomadas, sob supervisão e licença do órgão ambiental competente.

Posto este primeiro argumento, passa-se à análise da inversão do ônus da prova sob a perspectiva dos princípios da prevenção e da precaução.

Conforme Mirra, a inversão do ônus da prova é uma potencialidade da aplicação na seara processual do princípio da precaução, como reflexo da substituição do critério da certeza pelo critério da probabilidade, consagrado por este princípio, de modo que tem também essa outra consequência na esfera judicial: "acarretar a *inversão do ônus da prova*, impondo ao degradador o encargo de provar, sem sombra de dúvida, que a sua atividade questionada não é efetiva ou potencialmente degradadora da qualidade ambiental. Do contrário, a conclusão será no sentido de considerar caracterizada a degradação ambiental".[300]

Marchesan e Steigleder defendem que a aplicação dos princípios da precaução e da prevenção são o principal argumento a viabilizar a inversão do ônus da prova, inclusive dos custos da prova. Sustentam para tanto que, diante de parcas informações científicas acerca de uma atividade, bem como da existência de riscos gerados pela mesma, quando tal for judicialmente questionada, não há que se impor ao autor, geralmente hipossuficiente técnica e economicamente, o ônus de provar os malefícios da atividade, mas, sim, ao demandado, que é quem se aproveita da situação de incerteza.[301]

Conclui-se, desta forma, que o argumento favorável à inversão do ônus da prova em demandas ambientais, com amparo nos princípios da precaução e da prevenção, decorre da imposição ao demandado do ônus relacionado à incerteza acerca do caráter lesivo de sua atividade. Frise-se: pela inversão do *onus probandi* pretende-se impor o encargo da prova àquele cuja atuação implica efeitos ambientalmente incertos.

Um terceiro argumento sustentado pela doutrina refere-se à aplicação das regras processuais previstas no Código de Defesa do Consumidor, conforme alhures antecipado.

Para melhor apresentar esta perspectiva, inicialmente será apresentada a questão, para, após, abordar o modo interpretativo que a embasa e, por derradeiro, formular a crítica a este argumento, pois, como já dito anteriormente, parece não ser este um fundamento pertinente.

---

[300] MIRRA, Álvaro Luiz Valery. *Ação Civil Pública e a reparação do dano ao meio ambiente*. São Paulo: Juarez de Oliveira, 2002, p. 252.

[301] MARCHESAN, Ana Maria Moreira; STEIGLEDER, Anelise. Fundamentos jurídicos para a inversão do ônus da prova nas ações civis públicas por danos ambientais. *Revista da Ajuris* n. 90. Porto Alegre: AJURIS, 2003, p. 22-23.

Ocorre que a Lei 8.078/90, que instituiu o Código de Defesa do Consumidor, conferiu nova redação ao artigo 21 da LACP, determinam a aplicação do seu Título III, que trata de questões processuais, à Ação Civil Pública.[302]

O diploma consumeirista, porém, traz regra de inversão do ônus para facilitar a defesa do direito do consumidor no processo civil, quando for verossímil sua alegação ou quando for hipossuficiente, mas esta regra não está prevista no Título III,[303] aplicável, como dito, à Ação Civil Pública, mas no Título I, artigo 6º, inciso VIII.[304]

Desta forma, a rigor, está delimitada qual parte do Código de Defesa do Consumidor é aplicável à Ação Civil Pública e, como visto, o dispositivo que trata da inversão do ônus da prova não está incluído no referido Título.

Não obstante a ausência de previsão expressa de aplicação do art. 6º, inciso VIII, há entendimentos defendendo a possibilidade de estender a inversão do ônus da prova a todas as hipóteses de cabimento da Ação Civil Pública.

Abelha sustenta tal possibilidade quando assevera que, "muito embora o art. 6º, VIII, não esteja no Título III, é fora de dúvida que *todos* os dispositivos ali presentes contêm regras de direito processual civil, e que ao art. 117 (art. 21 da LACP) manda aplicar a qualquer direito difuso (tutela do meio ambiente) tais dispositivos, deixando nítida a intenção de que fosse criado um *plexo jurídico* de normas processuais civis coletivas para ser imediatamente aplicado aos direitos coletivos *latu sensu*.[305]

Leonel, a seu modo, sustenta que a aplicação de todas as regras processuais previstas no Código de Defesa do Consumidor à Ação Civil Pública, inclusive a regra da inversão do ônus da prova, decorre da superação da mera interpretação formal ou gramatical do ordenamento, aplicando-se uma interpretação sistemática e teleológica da regra posta, para concluir que o legislador quis estender à Lei da Ação Civil Pública todas as regras processuais previstas no diploma consumeirista, o que, ao fim e ao cabo,

---

[302] Neste sentido dispõe a Lei da Ação Civil Pública: "Art. 21. Aplicam-se à defesa dos direitos e interesses difusos, coletivos e individuais, no que for cabível, os dispositivos do Título III da Lei que institui o Código de Defesa do Consumidor". BRASIL. Lei 7.347, de 24 de julho de 1985 (Disciplina a ação civil pública de responsabilidade por danos causados ao meio ambiente, ao consumidor, a bens e direitos de valor artístico, estético, histórico, turístico e paisagístico e dá outras providências).

[303] Título III – Da Defesa do Consumidor em Juízo. BRASIL. Lei 8.078, de 11 de setembro de 1990 (Dispõe sobre a proteção do consumidor e dá outras providências).

[304] "Art. 6º. São direitos básicos do consumidor: [...]; VIII – a facilitação da defesa de seus direitos, inclusive com a inversão do ônus da prova, a seu favor, no processo civil, quando, a critério do juiz, for verossímil a alegação ou quando for ele hipossuficiente, segundo as regras ordinárias de experiência". BRASIL. Lei 8.078, de 11 de setembro de 1990 (Dispõe sobre a proteção do consumidor e dá outras providências).

[305] ABELHA, Marcelo. *Processo civil ambiental*. São Paulo: Revista dos Tribunais, 2008, p. 160-161.

estaria de acordo com a constatação de que "ultimamente o labor legislativo tem sido voltado à otimização e ampliação da tutela coletiva".[306]

Conclui-se, assim, que o conjunto dos regramentos referentes à tutela dos interesses difusos e coletivos deveria ser interpretado como um todo, quer dizer, estar-se-ia diante de uma sistemática processual própria, que valeria para todas as situações que envolvessem interesses dessa natureza.

Este raciocínio, não obstante, não parece ser apropriado.

A primeira linha de oposição à aplicação subsidiária de todas as regras processuais do Código de Defesa do Consumidor à Ação Civil Pública funda-se na falta de previsão expressa na lei em tal sentido.

Essa exclusão, ademais, parece justificada. O Código de Defesa do Consumidor, ao dispor sobre regras de direito processual, claramente diferencia a tutela individual da tutela coletiva. O referido Título III trata preponderantemente[307] de regras processuais para demandas coletivas, sendo justamente por esta razão que se aplicam subsidiariamente à Ação Civil Pública, que, vale destacar, é uma ação própria para interesses difusos e coletivos. A exclusão da regra de inversão do ônus da prova, portanto, tem uma lógica própria.

Sob outro enfoque, justifica-se a extensão ao fundamento de necessidade de se atribuir facilidades processuais à parte fraca da relação. Do mesmo modo, não se pode concordar, pois existem mecanismos mais aptos para se aplicar a inversão do ônus da prova na Ação Civil Pública Ambiental. Neste sentido, além do princípio do poluidor-pagador, o desdobramento do princípio da participação a pavimentar a facilitação do acesso à justiça.

Desnecessário, pois, forçar uma interpretação – e incluir o que está logicamente excluído – quando há na sistemática voltada à tutela do meio ambiente princípios que, com precisão, servem de fundamento para, no âmbito processual, autorizar a inversão do ônus da prova na Ação Civil Pública ambiental.

A proposição ora rechaçada mostra-se deveras restritiva. Se na Lei da Ação Civil Pública há remissão ao Código de Defesa do Consumidor,

---

[306] LEONEL, Ricardo de Barros. *Manual do processo coletivo*. São Paulo: Revista dos Tribunais, 2002, p. 340-341.
[307] Artigo 81: distingue a defesa do consumidor a titulo individual ou coletivo. No parágrafo único estão as hipóteses de defesa coletiva. Artigo 82: define os legitimados para propor a ação coletiva. Artigo 87: isenta os legitimados ativos para ações coletivas de antecipação de recolhimento de custas e despesas processuais, bem como de condenação, em caso de sucumbência, em honorários, custas e despesas processuais. Capítulo II do Título III, denominado: Das Ações Coletivas para a Defesa de Interesses Individuais Homogêneos. Artigo 102: legitimados a propor ação coletiva. Título III, Capítulo III: trata da Coisa Julgada e, ao relativizar este instituto, o faz apenas para as ações coletivas.

o mesmo não ocorre com a Lei da Ação Popular, de modo que, por não existir um elo legal, seria forçoso concluir que, à luz do raciocínio ora debatido, inadmissível a inversão do ônus da prova na Ação Popular.

As reflexões feitas objetivam demonstrar que há necessidade de uma lógica própria e adequada para justificar a inversão do ônus da prova na jurisdição ambiental, seja pela via da Ação Popular, seja pela via da Ação Civil Pública.

Esta lógica, de acordo com os postulados que vêm sendo sustentados, decorre da natureza e relevância do bem jurídico envolvido, bem como das peculiaridades dos proponentes da ação.

Considerando-se o bem ambiental, a merecer uma tutela jurisdicional diferenciada, agrega-se o princípio do poluidor-pagador, de modo que aquele que utiliza ou lesa o meio ambiente – em uma medida que gere relevância jurídica – deve ser onerado com o encargo de provar a adequação de seu empreendimento. Disso infere-se, portanto, que a inversão do ônus probatório para o demandado se caracteriza como medida adequada à tutela do meio ambiente, incumbindo-o dos encargos técnicos e financeiros, conforme será melhor explicitado.

Por conseguinte, haverá a desoneração da parte proponente da ação (o cidadão), via de regra a parte vulnerável técnica e financeiramente na relação processual que, em casos mais complexos, não poderia desincumbir-se da comprovação de todos os elementos necessários à responsabilização do agente, suposta ou potencialmente degradador.

Ainda segundo o princípio da participação – acentuando-se as proposições inseridas neste trabalho, de facilitação do acesso à justiça –, a aceitação e aplicação da inversão do ônus da prova vai ao encontro de tornar mais fácil e viável o exercício da cidadania pela via jurisdicional, na medida em que, se fazer prova, pode ser um ônus excessivo, ao ponto de se tornar uma barreira ao cidadão; a inversão servirá como mecanismo para romper com este obstáculo.

Fensterseifer, a propósito, sustenta que "o ônus da prova, em termos procedimentais e processuais, cabe a quem pretenda desenvolver uma determinada atividade cuja danosidade para o ambiente não está cientificamente comprovada, remetendo a incumbência probatória a quem explora ou autoriza a exploração, e não para quem alerta para a obrigação de provar que a atividade não trará danos graves e irreversíveis aos recursos naturais".[308]

---

[308] FENSTERSEIFER, Tiago. *Direitos fundamentais e proteção do meio ambiente:* a dimensão ecológica da dignidade humana no marco jurídico-constitucional do estado socioambiental de direito. Porto Alegre: Livraria do Advogado, 2008, p. 254.

Postas estas considerações, é de se fixar, ademais, que os critérios relacionados à relevância do bem ambiental, assim como o da cidadania, na dimensão apresentada, operam simultaneamente e em dois momentos distintos.

Em um primeiro momento, como base material para justificar a inversão do ônus probatório, valendo como critério para tanto a relevância do bem ambiental e a vulnerabilidade dos cidadãos. Em um segundo momento, como justificativa finalística que se ajusta aos postulados do Estado de Direito Ambiental, pois a inversão serve tanto para promover uma mais adequada tutela do bem ambiental quanto para promover a facilitação do acesso à justiça, estimulando o exercício da cidadania em matéria ambiental.

Pela inversão do ônus da prova proporcionar-se-á um equilíbrio entre as partes do processo, o que é sublinhado por Fensterseifer, no sentido de que "a inversão do ônus probatório permite um equilíbrio de fato, tanto nas relações entre particular e Estado como também nas relações entre particulares, tendo em vista que, no último caso, muitas vezes estar-se-á diante de uma relação desigual em termos de poder social, econômico, técnico, etc., geralmente exercido pelo ator privado empreendedor de atividades lesivas ou potencialmente lesivas ao ambiente".[309]

Por fim, assentado o descabimento da inversão do ônus da prova com fulcro no Código de Defesa do Consumidor, há que se fazer algumas ponderações quanto aos princípios da prevenção e da precaução.

Inverter o ônus da prova não tem, *a priori*, qualquer relação com os referidos princípios. A inversão justifica-se em razão das características e relevância do bem jurídico objeto do litígio, ou ainda da vulnerabilidade da parte que tinha, originariamente, o ônus de provar. Não há relação, portanto, com a orientação de atuação antecipada, visando evitar um evento danoso, o que é próprio dos princípios da prevenção e da precaução.

Não obstante tal ressalva, os princípios da prevenção e da precaução ganham relevo, outrossim, em demandas que tenham por objeto evitar uma lesão ao meio ambiente.

Sob essa ótica, apropriada a integração dos princípios do poluidor-pagador e da cidadania com os da precaução e prevenção, na medida em que atuam em situações e momentos complementares, quando a demanda visar à inibição de um dano ao meio ambiente.

A inversão do ônus da prova em casos com esse perfil deve ser fundamentada tanto nos princípios do poluidor-pagador e da cidadania

---

[309] FENSTERSEIFER, Tiago. *Direitos fundamentais e proteção do meio ambiente:* a dimensão ecológica da dignidade humana no marco jurídico-constitucional do estado socioambiental de direito. Porto Alegre: Livraria do Advogado, 2008, p. 253.

(como argumento central) quanto nos princípios da precaução e da prevenção (de forma complementar), porquanto os referidos princípios irão atuar em momentos distintos.

Com efeito, não há que se falar em aplicação dos princípios da precaução e da prevenção se a demanda for meramente reparatória, já que, naturalmente, neste caso não se está pretendendo evitar, mas reparar. Entretanto, esses princípios são perfeitamente aplicáveis quando o objetivo da demanda for inibitório.

Já o princípio do poluidor-pagador, em razão de sua larga amplitude, somado ao da cidadania, quando a ação for proposta por indivíduos da sociedade civil, ajustam-se perfeitamente a ambos os casos. Quando se tratar de demanda preventiva, a aplicação é potencializada a partir da articulação dos princípios da precaução e da prevenção. Em outras palavras: é com amparo no princípio do poluidor-pagador que se pode pretender transferir ao potencial degradador o dever de arcar com as consequências da incerteza de sua atividade, quer dizer, adequar-se aos princípios da precaução e da prevenção.

Assim, é de se concluir: na jurisdição ambiental inibitória de dano ambiental, o lastro para decretar a inversão do ônus da prova está na aplicação, como argumento central, do princípio do poluidor-pagador, em conformidade com a proposição de internalização de todos os custos da atividade, somado ao da cidadania, considerando-se a vulnerabilidade da parte autora; e, para otimizar este fundamento, quando frente à tutela inibitória, recorre-se aos princípios da precaução e da prevenção, uma vez que os mesmos relacionam-se e fixam as bases de gestão do elemento incerteza.

À guisa de conclusão, necessário um destaque. A inversão do ônus da prova não deve ser empregada de forma categórica e peremptória em qualquer demanda relacionada ao meio ambiente. Em outros termos, a inversão do ônus probatório "não deve ser tomada de forma abstrata ou *a priori*, mas deve dar-se sempre à luz da constatação da desigualdade na relação jurídica verificada no caso concreto (ou seja, *a posteriori*)".[310] Aliás, se não fosse assim, não se estaria tratando de inversão, mas sim da atribuição do ônus da prova sempre ao demandado.

3.1.2.3. Inversão do ônus financeiro da prova

Sustentou-se anteriormente que a inversão do ônus da prova pode servir tanto como regra de julgamento quanto como regra de procedi-

---

[310] FENSTERSEIFER, Tiago. *Direitos fundamentais e proteção do meio ambiente*: a dimensão ecológica da dignidade humana no marco jurídico-constitucional do estado socioambiental de direito. Porto Alegre: Livraria do Advogado, 2008, p. 254.

mento. Bem assim que, mesmo empregando-a como regra de julgamento, necessário que seja decretada em momento processual anterior, preferencialmente no saneamento do processo, a fim de garantir àquele que foi onerado, que tenha ciência prévia e, deste modo, possa definir como deverá agir no processo, conforme recomendam os princípios do contraditório e da ampla defesa.

Em ambas as hipóteses referidas, o juiz decreta que a prova de determinado fato relevante para o processo deverá ser (regra de procedimento) ou deveria ter sido (regra de julgamento), produzida por aquele que não tinha o ônus originariamente, invertendo-o.

Firmes tais possibilidades, surge uma importante questão, relacionada ao ônus financeiros da prova, destacadamente a pericial. Conforme já pontuado, na jurisdição ambiental, a prova pericial é absolutamente fundamental, especialmente para demonstração do dano ou risco de dano, bem como do nexo de causalidade, em razão da complexidade do bem ambiental.

Questiona-se, então: inverter o ônus da prova pode impor à parte demandada o encargo de custear as despesas para a produção de uma perícia requerida pelos proponentes da ação?

Antunes, contrário à inversão do ônus dos custos da perícia, sustenta que "a questão é tão dramática que alguns desavisados já chegaram a cogitar de transferir o ônus da remuneração do perito para o réu".[311]

Esta conclusão, no entanto, parece equivocada.

Primeiro, é de se deixar claro que o problema se relaciona à colocação da inversão do ônus da prova como regra de procedimento, já que não faria sentido algum tratar desse tema quando finda a instrução.

No mais, a prova pericial requerida pelo proponente da ação estaria vinculada à comprovação do "fato constitutivo do seu direito", *rectius*, do direito da coletividade, conforme preceituado no artigo 333, inciso I, do Código de Processo Civil. Assim, havendo a inversão do ônus da prova, a comprovação deste "fato constitutivo" – que deve ser alegado pela parte autora – não resta dispensada, mas, ao contrário, invertida contra o demandado.

Obviamente que continua sendo necessária a comprovação do fato que dá ensejo ao direito do autor de pleitear uma determinada tutela – *v.g.*, comprovação do dano ao meio ambiente, para que a tutela jurisdicional gere a condenação do requerido em reparar ou indenizar o dano ao

---

[311] ANTUNES, Paulo de Bessa. *A tutela judicial do meio ambiente*. Rio de Janeiro: Editora Lumen Juris, 2005, p. 105.

bem ambiental – todavia, pela inversão, a realização desta prova deverá ser assumida pelo demandado.

Não se trata de a parte passiva da ação custear a produção de uma prova, cujo escopo se relaciona à satisfação de um ônus da parte ativa, mas um efeito secundário de o juiz ter determinado, pela inversão, que o demandado produza aquela prova pleiteada pelo demandante.

Isso porque inverter o ônus da prova não implica, de forma alguma, dizer que o demandante não terá o dever (e o direito) de expor suas alegações (causa de pedir) e, por conseguinte, especificar as provas referentes à sua comprovação.

A parte autora, como convém, fará suas alegações e indicará o meio de prova, bem como seus contornos, para a comprovação de tais alegações – como elemento de convencimento do juiz –, sendo que a isso se soma à possibilidade de o próprio magistrado determinar provas de ofício – nos termos declinados anteriormente, tocante à ampliação dos poderes do juiz –, mas a realização será transferia ao demandado, isto é, ônus de fazer e custear a prova.

Convém ressaltar, no entanto, que a parte que sofrer a inversão do ônus não deverá ser onerada com a produção ilimitada das provas pleiteadas pelo autor. Há que se delimitar a prova, segundo critérios de razoabilidade e proporcionalidade ou, em outros termos, de relevância e admissibilidade, o que tem previsão nos artigos 130;[312] 420, § único;[313] 426;[314] e 427[315] do Código de Processo Civil.

Sobre o requisito da admissibilidade, discorre Cambi que "a admissibilidade é um requisito de *mera legalidade*, atinente ao respeito às regras que prescrevem a *forma* pela qual certos meios de prova devem ser propostos, ou concernente às regras que propõem *proibições* e *limitações* à admissão de certos meios de prova, em relação à natureza de certos fatos a serem provados".[316]

---

[312] "Art. 130. Caberá ao juiz, de ofício ou a requerimento da parte, determinar as provas necessárias à instrução do processo, indeferindo as diligências inúteis ou meramente protelatórias". BRASIL. Lei 5.869, de 11 de janeiro de 1973 (Institui o Código de Processo Civil).

[313] "Art. 420, § único. O juiz indeferirá a perícia quanto: I – a prova do fato não depender do conhecimento especial técnico; II – for desnecessária em vista de outras provas produzidas; III – a verificação for impraticável". BRASIL. Lei 5.869, de 11 de janeiro de 1973 (Institui o Código de Processo Civil).

[314] "Art. 426. Compete ao juiz: I – indeferir quesitos impertinentes; II – formular os que entender necessários ao esclarecimento da causa". BRASIL. Lei 5.869, de 11 de janeiro de 1973 (Institui o Código de Processo Civil).

[315] "Art. 427. O juiz poderá dispensar prova pericial quando as partes, na inicial e na contestação, apresentarem sobre as questões de fato pareceres técnicos ou documentos elucidativos que considerar suficientes". BRASIL. Lei 5.869, de 11 de janeiro de 1973 (Institui o Código de Processo Civil).

[316] CAMBI, Eduardo. *A prova civil*: admissibilidade e relevância. São Paulo: Revista dos Tribunais, 2006, p. 33-34.

Quanto ao requisito da relevância, este "recai sobre o fato, que deve necessariamente integrar a causa (pertinência) e poder influir na decisão, ou sobre o meio escolhido para a prova desse fato. O fato é relevante quando a sua investigação é útil, idônea, necessária ou indispensável à solução do conflito de interesses deduzido no processo. A relevância (gênero) é um requisito que concerne à prudente avaliação do juiz, chamado a dar uma valoração *antecipada* e *hipotética* das conseqüências jurídicas que derivariam dos fatos alegados, caso viessem a ser provados".[317]

Feitos estes destaques, é preciso vincular o tema da inversão dos custos da prova aos postulados do presente estudo.

Por força do princípio da responsabilização e do poluidor-pagador, relacionados à relevância e particularidades do bem ambiental, a atribuição do ônus financeiro da produção da prova ao demandado é justificável, segundo aqueles critérios de internalização dos custos e do dever, não só de realizar sua atividade de forma responsável e prudente quanto ao bem ambiental, mas também de comprovar, quando necessário, a lisura e correção desta atividade.

Frise-se, novamente, que a inversão dos custos da prova é um efeito secundário da própria inversão do ônus da prova e, ademais, esta transferência do ônus financeiro vincula-se à consecução do princípio da participação, o que, *mutatis mutandis*, é bem explicado por Cambi na seguinte passagem: "Assegurar a inversão do ônus da prova ao consumidor [*rectius*, demandante] sem inverter, também, o ônus de adiantar as despesas processuais é o mesmo que garantir um direito apenas formal ao litigante reconhecidamente hipossuficiente na relação jurídica processual, na medida em que ainda persiste a dificuldade econômica. Logo, quando se inverte o ônus da prova, transferem-se ao fornecedor [*rectius*, demandado] todos os riscos, custos e responsabilidades quanto à atividade probatória. O entendimento contrário, ao perpetuar a dificuldade econômica, não facilita a defesa dos direitos do consumidor em juízo, mantendo o *status quo* anterior. Mantido o raciocínio, que se combate, muitos consumidores [*rectius*, demandantes], mesmo que reconhecidamente hipossuficientes, desistirão da prova pericial, em razão do seu custo elevado, o que resultará na total ineficácia e descrédito do instituto da inversão do ônus da prova, fazendo-se perder um valioso instrumento de efetivação da justiça".[318]

Este raciocínio, muito embora voltado às questões de consumo, é absolutamente adequado à jurisdição ambiental, amparada na ideia de facilitação e incentivo à participação popular pela via jurisdicional.

---

[317] CAMBI, Eduardo. *A prova civil*: admissibilidade e relevância. São Paulo: Revista dos Tribunais, 2006, p. 263-266.
[318] Idem, p. 427.

Se há real possibilidade de a parte – caso mantidas as regras tradicionais sobre distribuição do ônus probatório – desistir da produção de prova, em razão do custo elevado, recair-se-ia possivelmente em alcançar o final do processo sem a comprovação dos fatos alegados pelo autor, trazendo dúvida ao magistrado e, então, o julgamento por insuficiência de provas, com o afrouxamento da coisa julgada material e, por conseguinte, a possibilidade de repropositura da ação.

Ora, a inversão do ônus da prova, inclusive no seu aspecto secundário, incrementa a tutela dos interesses difusos. A impossibilidade de a sentença fazer coisa julgada material em caso de julgamento por insuficiência de provas, conforme já analisado anteriormente, muito embora tenha um fim útil, na medida que não permite que o próprio ordenamento convalide uma situação de lesão ou ameaça de lesão a um bem protegido por este mesmo ordenamento – no caso, especialmente, em nível constitucional – por outro lado, é mecanismo insignificante no que trata de se prestar uma tutela jurisdicional adequada ao meio ambiente. A técnica processual capaz de cumprir tal desiderato é a da inversão do ônus da prova.

Mas fixe-se bem: se o processo tem vinculação com a investigação da verdade e com a prestação de uma tutela jurisdicional justa, a inversão do ônus da prova não pode ser utilizada restritivamente, apenas como regra de julgamento – muito menos sem antes dar ciência às partes. As finalidades e fundamentos para a inversão do ônus da prova, no caso especialmente da jurisdição ambiental, vinculam-se à sua aplicação como regra de procedimento, direcionado às partes, atribuindo ao demandado o ônus de realizar e custear aquela prova que originariamente competiria ao autor. Logo, a regra de julgamento só irá aparecer na hipótese de o demandado não ter honrado aquele ônus que lhe foi atribuído.

Com essas proposições, promove-se um equilíbrio da relação processual, o que é advertido por Cambi, no sentido de que "inverter o ônus do pagamento da perícia, em decisão interlocutória, juntamente da inversão do *ônus probandi*, permite a melhor distribuição dos encargos processuais entres as partes, efetivando-se o princípio da colaboração processual e possibilitando uma decisão mais adequada (e, portanto, mais justa) ao caso concreto, o que contribui, sobremaneira, para a legitimação (social) das decisões judiciais".[319]

E, por tudo isso, é de se concluir, não se trata de impor ao demandado que faça prova contra si. Importa, isto sim, em realizar provas tocantes à sua atividade e seus respectivos efeitos, que poderão ou não confirmar

---

[319] CAMBI, Eduardo. *A prova civil:* admissibilidade e relevância. São Paulo: Revista dos Tribunais, 2006, p. 428.

os argumentos apresentados pelos proponentes da ação e, então, redundar na procedência ou improcedência da ação.

É de se sublinhar, por derradeiro, que a inversão do ônus da prova e, por consequência, do seu custeio, vem encontrando guarida no Poder Judiciário.[320]

A propósito, importa trazer à baila recente decisão da Primeira Turma do Superior Tribunal de Justiça,[321] tratando especificamente da inversão do ônus financeiro da prova. Esta decisão, aliás, bem demonstra quão polêmica é a questão, na medida em que dos cinco Ministros, quatro apresentaram voto próprio, restando o recurso decidido por três votos a dois em favor da inversão do ônus da prova e do adiantamento das custas das perícias pelos demandados.

Trata-se de Recurso Especial originado do Tribunal de Justiça do Rio Grande do Sul. Na corte gaúcha foi negado provimento ao recurso de agravo de instrumento interposto pelo demandado – empresa que atua no ramo de transporte e logística – em face de decisão que, nos autos de Ação Civil Pública proposta pelo Ministério Público Estadual, deferiu a realização de perícia requerida pela autora, bem como inverteu o ônus da prova e seu custeio.

A decisão do agravo de instrumento fixou o entendimento de que "é cabível a inversão do ônus da prova também no âmbito de proteção ao meio ambiente. Portanto, na espécie, é o agravante responsável pelo pagamento dos encargos decorrentes da produção de prova".

Em face desta decisão foi interposto Recurso Especial, incumbindo a relatoria ao Ministro Francisco Falcão, que apresentou voto pelo desprovimento do recurso, valendo-se do argumento contido no parecer do representante do Ministério Público Federal de que a responsabilidade civil do causador de dano ambiental é objetiva, seja por disposição legal, seja pelo risco criado pela própria atividade, transferindo-se ao empreendedor "todo o encargo de provar que sua conduta não ensejou riscos para o meio ambiente, bastando que haja um nexo de causalidade provável entre a atividade exercida e a degradação". Consta no voto ainda entendimento no sentido de estender à Ação Civil Pública a regra de inversão

---

[320] Neste sentido, do Tribunal Regional Federal da Quarta Região, o estudo de caso elaborado por LEVY, Carlos Eduardo; JODAS, Natalia. *Inversão do ônus da prova e o custeio da perícia nas ações civis públicas ambientais – jurisprudência.* In: Congresso Internacional de Direito Ambiental, 12.: 2008 – Mudanças Climáticas, biodiversidade e uso sustentável de energia. São Paulo: Imprensa Oficial do Estado de São Paulo, 2008, p. 615-626. Ainda, do Tribunal de Justiça do Rio Grande do Sul, alguns casos são analisados por FENSTERSEIFER, Tiago. *Direitos fundamentais e proteção do meio ambiente: a dimensão ecológica da dignidade humana no marco jurídico-constitucional do estado socioambiental de direito.* Porto Alegre: Livraria do Advogado, 2008, p. 255.

[321] BRASIL. Superior Tribunal de Justiça. Recurso Especial 1.049.822/RS. Primeira Turma. Relator Min. Francisco Falcão. Decisão de 23.04.2009.

prevista no Código de Defesa do Consumidor, bem como aportes com base nos princípios do poluidor-pagador e da precaução.

Os argumentos empregados equivalem, portanto, àqueles já apresentados neste trabalho.

Após pedido de vista, no entanto, o Ministro Teori Albino Zavascki abriu a divergência, desenvolvendo seu argumento no sentido de que é equivocada a confusão entre inversão do ônus da prova e a "inversão da obrigação de custear a realização da prova pericial". No mais, sustentou que "não existe, como se percebe, qualquer imposição normativa que obrigue o réu a adiantar as despesas necessárias à realização de ato processual ou à produção de prova pericial requerida pelo autor, ainda que seja ele o Ministério Público. Tal obrigação também não consta no regime da ação civil pública. Há, é certo, o art. 18 da Lei 7.347/85: [...]. Todavia, não se pode, nem longinquamente, extrair desse dispositivo a conclusão de que cabe ao réu adiantar as despesas correspondentes a atos processuais requeridos pelo autor. [...] Não há razão lógica ou jurídica, todavia, para simplesmente carregar ao réu o encargo de financiar ações civis públicas contra ele movidas".

Note-se que, segundo tal raciocínio, a inversão do ônus da prova estaria desacompanhada da inversão do ônus do custeio da prova, na medida em que, conforme consta no voto, o réu não deve pagar pela "produção de prova pericial requerida pelo autor".

Este entendimento não parece acertado. Conforme referido anteriormente, a transferência do ônus financeiro da prova é um efeito secundário da própria inversão do ônus da prova. Não é caso de o ônus de provar permanecer com o autor e ao demandado ser determinado que pague, mas, pelo contrário, o ônus de pagar em razão de sobre ele recair o ônus de provar.

Atento, porém, à questão do acesso à justiça, o Ministro Zavascki apresenta como solução que os custos da perícia sejam pagos pela Fazenda Pública. Por tais razões, votou pelo provimento do recurso, com o qual foi acompanhado pela Ministra Denise Arruda.

Houve ainda voto do Ministro Benedito Gonçalves que, primeiro, não conheceu do recurso no ponto relacionado à inversão do ônus da prova – na medida em que a irresignação não era em face da sua possibilidade em matéria ambiental, mas que não estavam presentes os pressupostos para a inversão (verossimilhança da alegação e hipossuficiência), logo, matéria de fato, que não pode ser enfrentada pela via do Recurso Especial. Quanto à possibilidade de inversão do custeio da prova, votou pelo desprovimento do recurso, ao argumento de que a regra do art. 333 do Código de Processo Civil deve ser mitigada no processo coletivo, que o artigo 18 da Lei da Ação Civil Pública expressamente prevê que não haverá adiantamento de honorários periciais pelos autores da ação e que o custeio da prova é decorrente da inversão do ônus probatório.

Por derradeiro, votou o Ministro Luiz Fux pelo desprovimento do recurso, concluindo que "a inversão do ônus da prova acarreta inevitavelmente a inversão da responsabilidade pela despesa judicial".

Assinalou ainda o Ministro Fux que "a inversão do ônus da prova pressupõe a melhor aptidão de determinada parte carrear para os autos elementos de convicção".

O julgado analisado, fruto de um debate profícuo, como demonstrado, evidencia a relevância do tema, que pode ser abordado sob diversas óticas. Destaca-se, porém, que, em todas as manifestações, não se deixou de abordar as especificidades relacionadas ao bem ambiental, ao dano ambiental e à tutela jurisdicional do meio ambiente, de modo que resta clara a inclinação a conformar a jurisdição ambiental aos parâmetros sustentados no presente trabalho.

Por outro enfoque, a adequação de institutos relacionados à jurisdição ambiental – destacadamente a prova, a inversão do ônus de produzi-la e, por conseguinte, a inversão do ônus de seus custos – vem a alavancar uma mais apropriada tutela jurisdicional do meio ambiente e, ao mesmo tempo, de promover e facilitar o exercício da cidadania por meio do Poder Judiciário.

3.1.3. A distribuição do ônus da prova segundo a aptidão dos litigantes: a distribuição dinâmica do ônus da prova

Como derradeiro ponto de abordagem sobre a distribuição do ônus da prova, interessante reiterar parte do voto do Ministro Fux, quando assinalou que "a inversão do ônus da prova pressupõe a melhor aptidão de determinada parte carrear para os autos elementos de convicção".

A melhor aptidão para produzir determinada prova é elemento que não se localiza diretamente nos argumentos anteriormente apresentados para autorizar a inversão do ônus da prova, mais voltados a deveres extraídos dos princípios de Direito Ambiental, da facilitação do acesso à justiça ou da existência de verossimilhança da alegação ou hipossuficiência, na forma do Código de Defesa do Consumidor.

São todos argumentos que se vinculam, mas a distribuição segundo a aptidão da parte para produzi-la tem origem própria, válida não exclusivamente para demandas ambientais, mas a todas envolvendo interesses difusos e coletivos, bem como em demandas envolvendo direitos individuais entre particulares.[322] Trata-se da teoria dinâmica do ônus da prova.

Segundo Cambi, esta teoria está inserida no Código Modelo de Processos Coletivos para Ibero-América,[323] sem vinculação com o formato do artigo 333 do Código de Processo Civil, nem com o critérios do artigo 6º, inciso VIII, do Código de Defesa do Consumidor. Pelo contrário, segundo o autor, "parte da premissa de que ambos os sistemas de distribuição do *ônus probandi* não tutelam adequadamente o bem jurídico coletivo. A distribuição do ônus da prova conforme a *posição da parte em juízo* e quanto à *espécie do fato* do art. 333 do CPC está muito mais preocupada com a decisão judicial – aliás, com qualquer decisão (já que veda o *non liquet*; art. 126 do CPC) – do que com a *tutela* do direito lesado ou ameaçado de lesão. Assim, se o demandante não demonstrou o fato constitutivo, julga-se improcedente o pedido e, ao contrário, se o demandado não conseguiu provar os fatos extintivos, impeditivos ou modificativos, julga-se integralmente procedente o pedido, sem qualquer consideração com a *dificuldade* ou a *impossibilidade* de a parte [provar] ou de o fato serem demonstrados em juízo".[324]

Partindo-se da ideia de ativismo judicial – atuação mais acentuada do juiz na vida do processo, especialmente na instrução, como já visto – bem como de que o principal dever do juiz é produzir uma sentença justa, deverá valer-se de todos os meios processuais que lhe são oferecidos, dentre os quais fazer uso da distribuição dinâmica do ônus probatório, consistente em "impor o peso da prova àquela parte que, por sua situação, se encontre em melhores condições de carrear certa prova aos autos, seja o autor ou o demandado".[325]

Deste modo, conforme aponta Mendes, a distribuição dinâmica do ônus da prova, na forma prevista no referido Código Modelo, "optou por fórmula que atribui o ônus da prova à parte que detiver conhecimentos técnicos ou informações específicas sobre os fatos ou maior facilidade em sua demonstração. Caberia, assim, às partes revelar os conhecimentos

---

[322] CAMBI, Eduardo. *A prova civil:* admissibilidade e relevância. São Paulo: Revista dos Tribunais, 2006, p. 344-346.

[323] Sobre o tema, vide MENDES, Aluisio Gonçalves de Castro Mendes. O Anteprojeto de Código Modelo de Processos Coletivos para Países Iberto-Americanos e a legislação brasileira. *Revista de Direito Processual Civil*, n. 31, jan.-mar./2004. Curitiba: Genesis, 2004; BEDAQUE, José Roberto dos Santos. O Código Modelo na América Latina e na Europa. Relatório brasileiro. *Revista de Direito Processual Civil*, n. 25, jul.-set./2002. Curitiba: Genesis, 2002; e DIDIER JR. Fredie; ZANETI JR., Hermes. *Curso de Direito Processual Civil, volume 4: processo coletivo.* Salvador: JusPODIVM, 2008, p. 63 e ss.

[324] CAMBI, Eduardo. *A prova civil:* admissibilidade e relevância. São Paulo: Revista dos Tribunais, 2006, p. 340-341.

[325] CARBONE, Carlos Alberto. *Cargas probatórias dinamicas:* una mirada al derecho comparado y novedosa ampliación de su campo de acción. *Revista de Direito Processual Civil*, n. 35, jan.-mar./2005. Curitiba: Genesis, 2005, p. 180-181.

científicos e informações pertinentes ao caso, considerando não apenas as suas alegações, mas, também, as da parte contrária".[326]

É de se frisar que a distribuição do ônus da prova, nos termos ora definidos, não se equipara às hipóteses de inversão do ônus da prova. Com efeito, de inversão não se trata, mas de um sistema diferenciado de distribuição do ônus probatório, na medida em que, segundo previsto no Código Modelo, "o ônus da prova incumbe à parte que *detiver conhecimentos técnicos ou informações* sobre os fatos, ou *maior facilidade na sua demonstração*, não requerendo qualquer decisão judicial de inversão do ônus da prova".[327]

Trata-se de regra que, uma vez positivada, implicará na distribuição *ope legis* do ônus da prova, de modo que à coletividade se torna possível saber, de antemão, qual será o seu encargo probatório em eventual debate judicial.

Trazendo para o tema da jurisdição ambiental, fácil ver que o empreendedor, detentor do projeto e da técnica para sua realização, para qualquer obra ou atividade, saberá, porquanto previsto em lei, que, se houver debate judicial sobre seu empreendimento, haverá de suportar o ônus da prova, inclusive os ônus financeiros.

Neste sentido, prescreve o artigo 12 do Código Modelo de Processos Coletivos para Países Ibero-Americanos sobre a distribuição do ônus da prova:

> Art. 12. São admissíveis em juízo todos os meios de prova, desde que obtidos por meios lícitos, incluindo a prova estatística ou por amostragem.
>
> § 1º. O ônus da prova incumbe à parte que detiver conhecimentos técnicos ou informações específicas sobre os fatos, ou maior facilidade em sua demonstração. Não obstante, se por razões de ordem econômica ou técnica, o ônus da prova não puder ser cumprido, o juiz determinará o que for necessário para suprir à deficiência e obter elementos probatórios indispensáveis para a sentença de mérito, podendo solicitar perícias à entidade pública cujo objeto estiver ligado à matéria em debate, às custas da mesma. Se assim mesmo a prova não puder ser obtida, o juiz poderá ordenar sua realização, a cargo ao Fundo de Direitos de Grupo.
>
> § 2º. Durante a fase instrutória, surgindo modificação de fato ou de direito relevante para o julgamento da causa, o juiz poderá rever, em decisão motivada, a distribuição do ônus da prova, concebido à parte a quem for atribuída a incumbência prazo razoável para a produção da prova, observado o contraditório em relação à parte contrária.[328]

---

[326] MENDES, Aluisio Gonçalves de Castro Mendes. O Anteprojeto de Código Modelo de Processos Coletivos para Países Ibero-Americanos e a legislação brasileira. *Revista de Direito Processual Civil*, n. 31, jan.-mar./2004. Curitiba: Genesis, 2004, p. 10.

[327] CAMBI, Eduardo. *A prova civil: admissibilidade e relevância.* São Paulo: Revista dos Tribunais, 2006, p. 341.

[328] A distribuição dinâmica do ônus da prova está inserida ainda nos seguintes modelos de códigos de processos coletivos: Código de Processo Civil Coletivo: um Modelo para Países de Direito Escrito,

A distribuição dinâmica do ônus da prova agrega-se àqueles postulados outrora referidos, especificamente em relação ao princípio da responsabilização e poluidor-pagador, na medida em que, se o ônus da prova deve ser atribuído àquele que cria riscos em sua atividade, aproveita-se economicamente da exploração dos recursos naturais ou causa danos ao meio ambiente, como já visto, soma-se também a atribuição do encargo probatório em razão de que o agente empreendedor detém maior disponibilidade e facilidade de produção de prova relacionada à sua própria atividade.

Esta maior aptidão, ademais, resta evidente quando o proponente da demanda ambiental for o cidadão – caracterizado pela vulnerabilidade – pois "evita-se que, por ser muito difícil para o demandante demonstrar a licitude ou a não-lesividade do comportamento do demandado, se mantenha a situação como está, em prejuízo da proteção dos direitos difusos".[329]

A distribuição dinâmica do ônus da prova vincula-se àquela visão cooperativa do processo a que já se fez referência. Neste sentido, reforça Cambi que "a facilidade da demonstração da prova promove, adequadamente, a *isonomia* entre as partes, bem como ressalta o princípio da *solidariedade*, presente, no sistema processual, no dever de os litigantes contribuírem com a *descoberta da verdade*, na própria exigência da *litigância de boa-fé* e no dever de prevenir ou reprimir atos contrários à dignidade da justiça".[330]

É de se frisar, no entanto, que ausente regramento legal a aplicar a distribuição dinâmica do ônus da prova, sua utilização pela jurisprudência deve ser feita nos moldes da inversão do ônus probatório, isto é, o juiz deverá comunicar às partes que, tendo constatado que uma delas tem mais aptidão ou disponibilidade técnica ou financeira para produzir, poderá inverter o ônus da prova, de forma diversa daquela distribuição prevista no artigo 333 do Código de Processo Civil.

Serve, neste ponto, como argumento extra para se decretar a inversão do ônus da prova, absolutamente válido na jurisdição ambiental, como já demonstrado, e sobre a qual valem todos os destaques sobre o momento processual e os efeitos da sua decretação pelo juiz.

---

artigos. 11-12; Anteprojeto de Código Brasileiro de Processos Coletivos, artigo 2º, alínea k e artigo 11, todos disponíveis em DIDIER JR. Fredie; ZANETI JR., Hermes. *Curso de Direito Processual Civil*, volume 4: processo coletivo. Salvador: JusPODIVM, 2008.

[329] CAMBI, Eduardo. *A prova civil:* admissibilidade e relevância. São Paulo: Revista dos Tribunais, 2006, p. 344.

[330] Idem, p. 342.

3.2. Valoração e produção da prova na jurisdição ambiental

> *Nós admitimos semiprovas, que, no fundo, não são senão dúvidas; mas em Tolouse nós admitimos um quarto e um oitavo de provas. Nós já ouvimos, por exemplo, a assertiva de um "ouvir dizer" é um quarto, um outro "ouvir dizer" mais vago é um oitavo; de sorte que oito rumores que não são mais do que um eco de um ruído infundado podem resultar numa prova completa.*
> (Voltaire, *apud* Rosoni, *apud* Danilo Knijnik –
> A Prova nos Juízos Cível, Penal e Tributário)

Enquanto no tópico anterior tratou-se das regras de distribuição e inversão do ônus da prova, neste que se inicia a atenção volta-se a abordar a valoração e produção da prova na jurisdição ambiental.

De início, pertinente tecer breves considerações acerca dos elementos da responsabilidade civil, os quais exigem comprovação no processo, a fim de que seja possível impor o dever de reparar ou evitar a ocorrência de um dano ambiental.

Em sua conformação tradicional a responsabilidade civil extracontratual necessita da demonstração, na lição de Leite, dos seguintes elementos: "1. uma conduta antijurídica comissiva ou omissiva, caracterizada pelo procedimento culposo ou doloso do agente e da qual resulta a configuração do ato ilícito civil; 2. a ocorrência de um dano efetivo de qualquer natureza, patrimonial ou extrapatrimonial; 3. nexo causal entre a conduta do agente e o dano causado".[331]

Em matéria ambiental, porém, a responsabilidade civil tem peculiaridades. No que toca à culpabilidade, o ordenamento brasileiro prevê a responsabilidade objetiva em caso de danos causados ao meio ambiente, por força do artigo 14, § 1º, da Lei 6.938/1981,[332] de modo que pouco importa a culpa do agente degradador para que esteja suprido o primeiro elemento da responsabilização.

Deste modo, "para a responsabilização do degradador do meio ambiente, basta a demonstração (a) do dano ambiental, (b) de uma atividade degradadora do meio ambiente e (c) do nexo causal entre o dano e o fato

---

[331] LEITE, José Rubens Morato. *Dano ambiental: do individual ao coletivo extrapatrimonial*. São Paulo: Revista dos Tribunais, 2003, p. 119.

[332] Prescreve o Art. 14, § 1º, que: "Sem obstar a aplicação das penalidades previstas neste artigo, é o poluidor obrigado, independentemente da existência de culpa, a indenizar ou reparar os danos causados ao meio ambiente e a terceiros, afetados por sua atividade". BRASIL. Lei 6938, de 31 de agosto de 1981 (Lei da Política Nacional do Meio Ambiente).

da atividade degradadora, sendo irrelevante discutir se houve culpa ou não do agente".[333]

É de se concluir, portanto, que a responsabilidade objetiva tende a facilitar[334] a atuação em defesa do meio ambiente quando o caráter for reparatório, o que não exclui a questão, no mais das vezes tortuosa, da demonstração do dano e do nexo de causalidade. O que ora está sendo sustentado é que, neste caso, uma vez "evidenciado o liame entre a causa e efeito do dano ambiental, o agente responde por sua obrigação".[335]

A dispensa do elemento culpa, no entanto, não significa que a responsabilização civil em questões ambientais seja tarefa simples. Pelo contrário.

Conforme tratado no capítulo inicial deste trabalho, em relação à caracterização do dano ambiental *lato sensu*, sua amplitude e dimensões, demonstrou-se, primeiramente, sua classificação em dano material e extrapatrimonial. Em seguida, ao abordar suas peculiaridades, asseverou-se tratar-se de um dano: (i) que é incerto e de difícil constatação; (ii) que é impessoal ou anônimo, quanto aos sujeitos afetados; (iii) que, em sua perspectiva pretérita, o dano ambiental contemporaneamente verificado é fruto da acumulação de pequenas lesões passadas, decorrentes de uma só ou diversas origens, que ocorreram de forma reiterada/continuada; (iv) que, em sua perspectiva de futuro, o dano ambiental é aquele que permite seja projetada sua ocorrência, de forma certa ou provável, em razão de fatores e práticas (externalidades) atuais, originadas de uma ou diversas fontes, acumulativamente ou não, que a ciência e a técnica – ou a existência de situações semelhantes – permitem diagnosticar como de lesividade certa ou potencial.

Considerando-se estes elementos, neste momento final do trabalho serão tratados alguns aspectos sobre a valoração e a produção da prova dos elementos caracterizadores da responsabilidade civil por danos ou ameaças de danos ambientais.

---

[333] MIRRA, Álvaro Luiz Valery. Responsabilidade civil pelo dano ambiental e o princípio da reparação integral do dano. *Revista de Direito Ambiental*, ano 8, n. 32, out.-dez./2003. São Paulo: Revista dos Tribunais, 2003, p. 69.

[334] A afirmativa de que a responsabilidade objetiva implica na facilitação na atuação judicial em favor do meio ambiente está assentada na noção de que "a adoção da teoria do risco da atividade, da qual decorre a responsabilidade objetiva, traz como conseqüências principais para que haja o dever de indenizar: a) a prescindibilidade de investigação da culpa; b) a irrelevância da licitude da atividade; c) a inaplicação das causas de exclusão da responsabilidade civil". MILARÉ, Édis. *Direito do ambiente:* doutrina, jurisprudência e glossário. São Paulo: Revista dos Tribunais, 2005, p. 834.

[335] LEITE, José Rubens Morato. *Dano ambiental:* do individual ao coletivo extrapatrimonial. São Paulo: Revista dos Tribunais, 2003, p. 202.

3.2.1. A prova do nexo de causalidade e sua valoração

Se por um lado a adoção da responsabilidade objetiva vem a facilitar o sistema de responsabilização por danos ambientais, há neste tema questões materiais que a tornam dificultosa.

Pensando-se em um caso de dano ao meio ambiente de percepção mais evidente, como por exemplo, a supressão de vegetação em mata ciliar, a questão da responsabilização mostra-se, em princípio, simples. Afinal, o dano específico poderá ser demonstrado documentalmente, com fotografias, e aperfeiçoado com uma perícia ou mesmo a inspeção judicial. A extensão dos danos será constatada com a prova pericial, para apurar os impactos à flora, à fauna, sobre os recursos hídricos que eram favorecidos pela vegetação localizada à margem de certo curso d'água e, por extensão, o impacto difuso do dano. A ação que acarretou o referido dano, por sua vez, poderá ser demonstrada mediante prova testemunhal, documental – laudos de fiscalização – ou mesmo a confissão do agente degradador. O nexo causal, por fim, restará claro.

Some-se a isso, como mecanismo de facilitação da responsabilização civil, as obrigações impostas ao proprietário de adotar comportamentos para proteger o bem ambiental (micro e macrobem), bem como o dever de reparar os danos causados por si ou por terceiros, inclusive em caso de aquisição de áreas degradadas pelo proprietário anterior, conforme vem reconhecendo a jurisprudência de nossos Tribunais.[336]

Há situações, porém, mais complexas, tocantes às perspectivas passada e futura do dano ambiental, que ocorrem de forma acumulativa e cuja origem é desconhecida ou de difícil constatação. Nesta seara, especial dificuldade relaciona-se à verificação do nexo de causalidade, "quer na determinação da extensão da participação de um determinado agente, quer na própria existência ou não de uma relação de causa e efeito".[337]

Leite e Carvalho, a propósito, advertem que, no mais das vezes, os danos ambientais não permitem a visualização com facilidade do liame de causalidade e que, "como efeito direto da formação da Sociedade Industrial, encontra-se o surgimento dos danos de exposição massificada (*mass exposure torts*), segundo os quais a concorrência de vários atores e causas converge para a ocorrência dos danos difusos. Assim, os danos ambientais são, freqüentemente, produtos de várias causas concorrentes, simultâneas ou sucessivas, não se apresentando linearmente (causalidade simples). Da mesma maneira, a própria complexidade inerente ao am-

---

[336] LEMOS, Patrícia Faga Iglecias. *Meio ambiente e responsabilidade civil do proprietário*: análise do nexo causal. São Paulo: Revista dos Tribunais, 2008, p. 102 e, especificamente sobre o entendimento jurisprudencial sobre a responsabilidade do novo proprietário, p. 157 e ss.

[337] LEITE, José Rubens Morato; CARVALHO, Délton Winter de. O nexo de causalidade na responsabilidade civil por danos ambientais. *Revista de Direito Ambiental*, ano 12, n. 47, jul.-set./2007. São Paulo: Revista dos Tribunais, 2007, p. 78.

biente ecológico e às interações entre os bens ambientais e seus elementos fazem da incerteza científica um dos maiores obstáculos à prova do nexo causal para a imputação da responsabilidade objetiva".[338]

Diante da existência de danos ambientais cuja vinculação com o fato ou os fatos de origem ocorre com causalidade complexa, sobressai a necessidade de um tratamento diferenciado do nexo causal, o que toca a uma ótica própria de valoração da prova deste elo entre causa e efeito.

Trata-se, deste modo, de perceber que, se o dano ambiental pode decorrer de fatores com os quais o esquema tradicional de constatação do nexo causal não é apropriado – porquanto baseado em verdades e certezas – necessário admitir mecanismos de constatação conformes as peculiaridades materiais ou, em outros termos, aptas a resguardar o direito material tutelado.

Fala-se, neste sentido, de um afrouxamento do nexo causal, a partir da definição de responsabilidades segundo os riscos assumidos pelo empreendedor, inerentes a determinadas atividades.

Steigleder, sustentando que o modelo de proteção ambiental brasileiro optou pela teoria do risco integral,[339] argumenta que a responsabilidade objetiva não está restrita às atividades perigosas, de modo que "a responsabilidade pelo risco aplica-se tanto aos danos gerados por atividades perigosas como àqueles desencadeados por uma atividade profissional qualquer, partindo-se da premissa de [que] quem exerce uma atividade econômica deve arcar com todos os custos atinentes à prevenção e à reparação dos danos ambientais".[340]

Tal conclusão, nota-se, está vinculada ao princípio da responsabilização e do poluidor-pagador.

A partir dessa premissa, agora a conectando ao nexo causal, a referida autora chega à conclusão de que a incidência da teoria do risco integral redunda na atenuação do liame causa-efeito, não sendo necessária a demonstração de um elo perfeitamente adequado e certo, bastando a "mera 'conexão' entre a atividade e o dano".[341] Contudo, é de se realçar a advertência de que "tal dano deverá estar estreitamente vinculado à atividade

---

[338] LEITE, José Rubens Morato; CARVALHO, Délton Winter de. O nexo de causalidade na responsabilidade civil por danos ambientais. *Revista de Direito Ambiental*, ano 12, n. 47, jul.-set./2007. São Paulo: Revista dos Tribunais, 2007, p. 78.

[339] STEIGLEDER, Annelise Monteiro. Considerações sobre o nexo de causalidade na responsabilidade civil por dano ao meio ambiente. *Revista de Direito Ambiental*, ano 8, n. 32, out.-dez./2003. São Paulo: Revista dos Tribunais, 2003, p. 86 e ss.

[340] STEIGLEDER, Annelise Monteiro. *Responsabilidade civil ambiental:* as dimensões do dano ambiental no direito brasileiro. Porto Alegre: Livraria do Advogado, 2004, p. 201.

[341] Idem, p. 203.

profissional do responsável, vislumbrando-se uma conexão entre a lesão ambiental e os riscos próprios da atividade empresarial ou estatal".[342]

Leite e Carvalho aprimoram a abordagem sobre o abrandamento do nexo causal ao tratarem da Teoria da Probabilidade, no sentido de que a "simples probabilidade de uma atividade ter ocasionado determinado dano ambiental deve ser suficiente para a responsabilização do empreendedor desde que esta probabilidade seja determinante".[343]

Se o esquema tradicional de responsabilidade civil, fundado no paradigma científico clássico, estava ancorado na crença da sua aptidão para alcançar certezas e, de acordo com esta lógica, exigia cabal demonstração do nexo de causalidade, a Teoria da Probabilidade vem propor o rompimento desse modelo.

Como já visto, com a virada própria à sociedade de risco, somada às especificidades do bem ambiental – repleto de dúvidas e incertezas – o que se recomenda é a instituição de padrões jurídicos que se amoldem com a imprecisão.

Desta forma, com Leite e Carvalho, é de se anotar que "enquanto a lógica do sistema de ciência na modernidade era operacionalizada sob juízos de 'certeza', a responsabilidade civil clássica exigia a 'previsibilidade' como elemento configurador no nexo causal. Com a transição para uma Sociedade Industrial e desta Sociedade Pós-Industrial (ou de Risco), o incremento na complexidade das relações causais desencadeou, na própria ciência, a assimilação da incerteza científica como um fator de avaliação científica e, por sua vez, o direito ficou exposto a ter de oferecer soluções a problemas de maior complexidade, tendo de tomar decisões jurídicas não mais apenas com base em eventos 'possíveis' ou riscos 'concretos', mas sim sustentando suas decisões em 'probabilidades'".[344]

A título de fixação de um módulo de valoração das probabilidades, os referidos autores advertem que a "configuração jurídica do nexo de causalidade passa por uma avaliação de probabilidade/improbabilidade de uma determinada atividade ter ocasionado o dano em questão".[345]

Dito isso, há que se fazer uma inversão na reflexão.

---

[342] STEIGLEDER, Annelise Monteiro. *Responsabilidade civil ambiental*: as dimensões do dano ambiental no direito brasileiro. Porto Alegre: Livraria do Advogado, 2004, p. 204.

[343] LEITE, José Rubens Morato; CARVALHO, Délton Winter de. O nexo de causalidade na responsabilidade civil por danos ambientais. *Revista de Direito Ambiental*, ano 12, n. 47, jul.-set./2007. São Paulo: Revista dos Tribunais, 2007, p. 88.

[344] Idem, p. 90.

[345] Idem, p. 92.

Retomando-se o que foi exposto alhures, sobre a finalidade da prova judiciária, concluiu-se que a processualística moderna trabalha justamente sobre esta mesma matriz de probabilidade.

Afirmar que a instrução probatória visa a atingir uma verdade histórica é, em verdade, uma assertiva duvidosa, na medida em que o papel da prova, pelo contrário, é o de agregar elementos de convencimento ao juiz, convalidando as afirmações apresentadas pelas partes e, nesse esforço de convencimento – e de convencer-se – deve ser levado em conta as variantes e peculiaridades do direito material.

A propósito, adverte Knijnik que "toda decisão judicial envolverá um certo grau de probabilidade, cabendo aos personagens processuais – não somente ao juiz – ter presente as limitações do conhecimento humano. Tudo o que as partes poderão fazer é 'convencer (o juiz), com *determinado grau de certeza*, de que um fato é provavelmente verdadeiro'".[346]

Estando diante de juízos de probabilidade (e não de certeza), necessário retomar a distinção entre prova direta e prova indireta, a que já se fez referência anteriormente. Primeiro para frisar que não existe hierarquia entre prova direta e prova indireta; segundo para destacar que casos há em que a prova indireta é a única possível. Aliás, é justamente o caso da reflexão que vem sendo desenvolvida.

Abelha, a propósito, refere que, sendo difícil a produção de prova sobre o "fato principal, a prova indiciária e as máximas de experiência do juiz ganham notável relevo na formulação da norma jurídica concreta que impõe a obrigação de indenizar a coletividade pelos danos causados".[347]

Cambi, discorrendo sobre as presunções simples ou judiciais, adverte que "as presunções judiciais, por não estarem previstas nem reguladas em lei, apoiam-se, sobretudo, nas *máximas de experiência*, as quais servem de premissa maior para que o juiz, em um raciocínio silogístico, possa partir daquilo que ordinariamente acontece, e logo conjugar esse conhecimento com o fato secundário (indício), que lhe serve de premissa menor, para poder obter, na conclusão, a afirmação de um fato (principal), até então desconhecido".[348]

Como aporte à aplicação das máximas de experiência o juiz deverá valer-se da prova, ainda que indiciária, e destacadamente da prova pericial e multidisciplinar,[349] a depender da complexidade do caso, no

---

[346] KNIJNIK, Danilo. *A prova nos juízos cível, penal e tributário*. Rio de Janeiro: Forense, 2007, p. 35.

[347] ABELHA, Marcelo. *Processo civil ambiental*. São Paulo: Revista dos Tribunais, 2008, p. 164-165.

[348] CAMBI, Eduardo. *A prova civil*: admissibilidade e relevância. São Paulo: Revista dos Tribunais, 2006, p. 376-377.

[349] Neste sentido, dispõe o Código de Processo Civil: "Art. 431-B. Tratando-se de perícia complexa, que abranja mais de uma área de conhecimento especializado, o juiz poderá nomear mais de um

sentido de proceder a "decodificação das descrições técnicas efetuadas pelos peritos", conforme pondera Carvalho, no sentido de que, segundo a compreensão da teoria dos sistemas, "o *acoplamento estrutural* que marca a prova pericial do dano ambiental somente é possível em razão da confecção de *observações de segunda ordem* (observações cibernéticas), ou seja, observações que um sistema observador (direito) realiza, a partir de sua lógica e racionalidade, sobre as observações de outro sistema (laudo técnico)".[350]

Neste empenho de decodificação é que aparece o trabalho valorativo realizado pelo juiz, o qual é guiado pela regulamentação jurídica sobre o tema tutelado (Direito Ambiental) e deve levar em conta as particularidades do direito material em causa.

Neste desiderato de decodificar/valorar a prova, para fazer um juízo de probabilidade do nexo causal, há que se definir qual a premissa de análise que será empregada pelo juiz. É dizer, definir um "modelo de constatação", entendido como "uma teoria que nos diga quando, ou sob que condições, os elementos de juízo disponíveis são suficientes para que se repute racional aceitar uma proposição como verdadeira no raciocínio decisório".[351]

Knijnik classifica em quatro os modelos de constatação,[352] a saber: (i) da preponderância das provas (típico do processo civil patrimonialista e baseado na igualdade entre as partes, cuja solução se dá pela regra do artigo 333 do Código de Processo Civil); (ii) da prova acima da dúvida razoável (próprio do processo penal); (iii) da prova clara e convincente (referente aos processos não penais que têm dimensão além da meramente patrimonial); (iv) da razoável excludente de qualquer hipótese de inocência (apropriado ao processo penal indiciário).

Em que pese o referido autor não abordar a questão da prova na jurisdição ambiental, em conformidade com a reflexão que vem sendo desenvolvida, apropriada a inserção da prova ambiental no modelo da prova clara e convincente, também denominada "clara, precisa e indubitável" ou "clara, cogente e convincente, de forma a gerar forte presunção".[353]

Marinoni e Arenhart, ao abordarem o assunto, alcançam semelhante conclusão, ao afirmarem que "no caso de dano eventual, a lógica não é

---

perito e a parte indicar mais de um assistente técnico". BRASIL. Lei 5.869, de 11 de janeiro de 1973 (Institui o Código de Processo Civil).

[350] CARVALHO, Délton Winter de. *Dano ambiental futuro:* a responsabilização civil pelo risco ambiental. Rio de Janeiro: Forense Universitária, 2008, p. 106.

[351] KNIJNIK, Danilo. *A prova nos juízos cível, penal e tributário.* Rio de Janeiro: Forense, 2007, p. 34.

[352] Idem, p. 37-44.

[353] Idem, p. 39.

muito diferente, uma vez que também aí se dispensa a culpa *e o rigor da prova da causalidade relativa aos casos normais*. É que se o empresário assumiu a responsabilidade pelo perigo, *não é justo que a sociedade tenha que arcar com a dificuldade de provar a causalidade*. É por essa razão que, diante das situações de perigo, basta a verossimilhança suficiente, sendo dispensável a convicção de certeza".[354]

A valoração da prova dos elementos caracterizadores da responsabilidade ambiental, especialmente do liame causal, deve ser feita pelo julgador segundo parâmetros mais brandos, o que se configura como adequação da questão probatória às peculiaridades do direito material, na medida em que se concilia com o princípio do poluidor-pagador. Ademais, o "direito material e os valores consagrados no ordenamento é que vão ditar o *grau de certeza* necessário e, via de consequência, o modelo de constatação a ser adotado pelo julgador, enquanto questão jurídica prévia à valoração".[355]

Retomando-se a questão da prova indireta, indiciária, visando aprimorar as considerações até então desenvolvidas, pertinente apresentar alguns parâmetros de produção e valoração deste meio de prova.[356]

Na medida em que o convencimento judicial pode ser formado a partir de indícios – o que não exclui a possibilidade de agregar elementos por meio de prova direta – há que se frisar alguns parâmetros à formação deste convencimento em moldes de "verossimilhança suficiente" ou capaz de "gerar forte presunção".

Segundo Knijnik, "requer-se não apenas que o fato ignorado esteja no âmbito das *conseqüências possíveis*, mas em *grau de probabilidade* tal, que induza o convencimento racional de que o fato desconhecido tenha efetivamente ocorrido. É no *grau da relação de inferência*, entre o fato conhecido

---

[354] MARINONI, Luiz Guilherme; ARENHART, Sérgio Cruz. *Comentários ao Código de Processo Civil*, v. 5: do processo de conhecimento, arts. 332 a 341, tomo 1. São Paulo: Revista dos Tribunais, 2005, p. 183.

[355] KNIJNIK, Danilo. *A prova nos juízos cível, penal e tributário*. Rio de Janeiro: Forense, 2007, p. 44. Válidas duas observações: primeiro a advertência de que o modelo de constatação deve ser previamente comunicado às partes; segundo, interessante fazer menção à importância de modelos diferenciados de constatação inclusive como mecanismo para evitar o erro judiciário. Neste sentido, ainda com o autor, p. 45: "Quanto mais grave o efeito do erro judiciário, maior deve ser o cuidado. Assim, os modelos de constatação têm uma função simbólica, com conseqüências práticas, não apenas evitando erros judiciários, mas realçando ao julgador a importância de sua decisão, conforme a natureza da causa".

[356] Didier Jr., *et alii*, em comentário ao artigo 212 do Código Civil, que inclui a presunção dentre os meios de prova, sublinham a imprecisão de tal previsão, advertindo que para "salvar a dicção normativa, pode-se dizer que o legislador autorizou expressamente a prova indiciária. É que, em sentido lato, pode-se afirmar que o indício é um meio de prova, já que a partir dele se elabora a presunção judicial". DIDIER JR., Fredie; BRAGA, Paula Sarno; OLIVEIRA, Rafael. *Curso de Direito Processual Civil, volume 2: direito probatório, decisão judicial, cumprimento e liquidação da sentença e coisa julgada*. Salvador: JusPODIVM, 2008, p. 58.

e o desconhecido, que repousa a força demonstrativa deste meio probatório. Quanto maior a chance de que o fato ignorado seja conseqüência do fato conhecido, maior a relevância probatória da presunção".[357]

Neste ponto necessário destacar que os elementos objeto de prova indireta – que podem vir a ser agregados pela prova direta – não devem ser avaliados isoladamente, mas sim no conjunto probatório alcançado no final da fase instrutória do processo, isto é, valendo-se do método de apreciação dos indícios baseado na "múltipa conformidade (também chamado da convergência ou da confluência positiva)".[358] Assim, a "prova indiciária deve emergir de uma valoração global, unitária, dos indícios: devem ser certamente graves, precisos e concordantes, mas sempre no seu conjunto, não isoladamente".[359]

Cambi, tratando da aplicação das presunções, recomenda o uso dos critérios da gravidade, da precisão e da concordância, e explica: "O critério da *gravidade* indica a intensidade ou grau de persuasão capaz de confirmar a hipótese de fato a ser provada, a qual deve ser a mais provável que se possa extrair do fato conhecido. Como de uma inferência presuntiva é possível derivar várias conclusões, somente podem ser reputadas relevantes as inferências que concernem aos fatos a serem provados. A *precisão* consiste na atribuição de um grau prevalente de confirmação da hipótese fática a ser provada. A *precisão* diz respeito, pois, à inexistência de *equivocidade prática*, isto é, a presunção deve indicar uma solução razoável a ponto de outras possíveis soluções serem rechaçadas. Por último, o critério da *concordância* indica que parte significante das várias influências probatórias possíveis deve *convergir* para a mesma conclusão, porque, dessa forma, aumenta-se o grau de confirmação sobre o fato a ser provado e, conseqüentemente, evita-se que se considere presumida uma hipótese de fato que não disponha de suficiente grau de confirmação lógica".[360]

É de se concluir, então, que em demandas judiciais envolvendo danos ambientais de difícil constatação, cujo nexo causal seja complexo, a prova deve ser produzida valendo-se tanto dos meios diretos quanto dos indiretos, mas a valoração do conjunto probatório deve ocorrer de modo abrangente, buscando verificar a existência de coerência entre os indícios, bem como dos indícios com o resultado da prova direta – *v.g.*, testemunhas que viram resíduos de uma empresa serem jogados em um curso d'água.

---

[357] KNIJNIK, Danilo. *A prova nos juízos cível, penal e tributário*. Rio de Janeiro: Forense, 2007, p. 49.
[358] Idem, p. 50.
[359] Idem, p. 52.
[360] CAMBI, Eduardo. *A prova civil:* admissibilidade e relevância. São Paulo: Revista dos Tribunais, 2006, p. 380-381.

Neste esquema de valoração o juiz não deve buscar alcançar certezas, senão verossimilhança suficiente, ou probabilidade, de que os elementos de argumentação/alegações dos proponentes da ação estejam convalidados pelo conjunto probatório produzido nos autos. Isso porque, ao ditar a norma do caso concreto, o juiz deve atentar às peculiaridades do direito material, às dimensões de seu dano, ao *status* constitucional de sua proteção, bem como à condição/especificidades da parte que propôs a ação, considerando-se sua vulnerabilidade e limitações.

Como derradeira observação sobre o tema, importa destacar a necessidade de que, sendo caso de fixação de critérios mais brandos de valoração da prova, o que, portanto, implica em certo rompimento com o padrão do ordenamento, impõe-se ao juiz informar às partes qual o modelo de constatação que será empregado (princípio da cooperação),[361] como questão jurídica prévia.

Em outras palavras, após a fase postulatória, verificando a complexidade e relevância do caso que lhe foi apresentado, definir qual será o padrão de valoração que será empregado no julgamento, informando às partes, a fim de evitar o arbítrio, atendendo e promovendo as garantias do contraditório e da ampla defesa.

3.2.2. A participação popular como meio de prova

No tópico antecedente tratou-se da valoração da prova; neste, a atenção volta-se ao tema de sua produção, buscando analisar quais os meios de prova apropriados para atuar na jurisdição ambiental, de modo a trazer aos autos o máximo de elementos úteis para formar o convencimento judicial e abrir caminho para uma decisão judicial justa.

A produção de prova se dá, em princípio, a partir daqueles meios legalmente disponibilizados pelo ordenamento. Em matéria ambiental enfatiza-se a necessidade de investigações de natureza técnica e científica, o que se dá pela prova pericial, e, a depender do tipo e gravidade do dano, há necessidade de a análise ser feita por uma equipe multidisciplinar, conforme autoriza o artigo 431-B do Código de Processo Civil.

De todo modo, são admissíveis nesses processos tanto o uso dos meios típicos quanto dos atípicos, na medida em que podem tanto vir a suprir alguma dificuldade/limitação da perícia, quanto para demonstrar outras questões objeto de prova que não possam ser por ela esclarecidas. Aliás, não se pode perder de vista que todas as provas produzidas, diretas ou indiretas, deverão ser analisadas pelo magistrado, para delas extrair o máximo aproveitamento.

---

[361] DIDIER JR. Fredie. *Curso de Direito Processual Civil*, volume 1: Teoria geral do processo e processo de conhecimento. Salvador: JusPODIVM, 2008, p. 58-62.

Para o momento posterior, de valoração da prova, além de todas as considerações já apresentadas, surge a relevância da inspeção judicial, enquanto meio de prova que pode servir, "senão para a constatação propriamente dita do dano ao meio ambiente, pelo menos para permitir ao magistrado tomar contato direto com a situação danosa e dela extrair a exata dimensão da degradação".[362] Isso para que, diante de uma situação de impacto ambiental, possa compreendê-lo por todos os seus sentidos, diretamente, não ficando adstrito aos autos do processo, aos relatos, às fotografias e aos laudos, pois, todos elementos estanques, muito diferentes do dinamismo próprio ao meio ambiente.

A percepção do meio ambiente, bem como das situações em que for violado, no entanto, não devem ocorrer com o uso limitado das ferramentas processuais – meios de prova – ou mesmo cingindo-se às restrições científicas.

Ocorre que, como pondera Leite, "em contextos sociais de risco global ou de risco mundial, em que se verifica a proliferação de efeitos negativos dos processos de desenvolvimento econômico e tecnológico, pode-se constatar que há grande dificuldade não só na compreensão integral, suficiente e/ou adequada dos conflitos que deles resultam, relacionando questões ambientais com um complexo de problemas de ordens tão distintas quanto complexas".[363]

A complexidade decorrente da temática ambiental não é própria apenas do âmbito mundial. Problemas globais estão originados em problemas locais e regionais, que se avolumam e se somam para ganhar relevância mundial.

Deste modo, as questões ambientais devem ser tratadas com a mesma ênfase em todos os níveis, porquanto os conflitos entre os padrões históricos de produção e a proteção do meio ambiente são os mesmos, apenas em escalas diferentes.

A esta complexidade, especialmente quando vista pela ótica da sociedade de risco, que se recomenda um tratamento e uma compreensão diversa dos modelos tradicionais e herméticos de ciência, assim como, no aspecto jurisdicional, uma abordagem processual melhor amoldada, de modo a que "permitam ser atingido o ponto ótimo de proteção do ambiente em sociedades cuja característica fundamental reside em não oferecer as condições de segurança técnica, científica e informativa".[364]

---

[362] MIRRA, Álvaro Luiz Valery. *Ação Civil Pública e a reparação do dano ao meio ambiente*. São Paulo: Juarez de Oliveira, 2002, p. 240.

[363] LEITE, José Rubens Morato. Transdisciplinariedade e a proteção jurídico-ambiental em sociedade de risco: Direito, ciência e participação. In LEITE, José Rubens Morato; BELLO FILHO; Ney de Barros (org.). *Direito ambiental contemporâneo*. Barueri: Manole, 2004, p. 116-117.

[364] Idem, p. 117.

A solução passa pelos processos de tomada de decisão – inclusive as judiciais – sendo fundamental definir as bases dos processos decisórios em questões envolvendo o meio ambiente. Se as bases científicas – e processuais – mostram-se limitadas, necessária a abertura à transdisciplinariedade, na medida em que "a cultura, a tradição, o senso comum e a experiência são dimensões da realidade que não só esclarecem ou definem contextos originariamente jurídicos; mas participam, fundamentam e justificam as escolhas e decisões que precisam ser tomadas nas relações potencialmente colidentes que trabalham a partir de bases informativas de risco, propondo uma qualidade diferenciada ao conhecimento que se origina dessas relações, ou seja, um *novo saber*, um *saber ambiental*".[365]

Segundo Leff, o saber ambiental a ser construído passa pela "transformação de um conjunto de paradigmas do conhecimento e de formação ideológicas, a partir de uma problemática social que os questiona e ultrapassa. O saber ambiental constrói-se por um conjunto de processos de natureza diferente, cuja diversidade de ordens ontológicas, de racionalidade, de interesses e de sentidos não pode estar contida num modelo global, por mais holístico e aberto que este seja. A lógica dos processo ecológicos, culturais e tecnológicos que conformam uma racionalidade ambiental está integrada por formações teóricas, instrumentos técnicos, valores, princípios produtivos, estruturas institucionais e interesses sociais diversos, em que se mobiliza e se concretiza o potencial que dá suporte e conduz as práticas do desenvolvimento sustentável".[366]

Este caminho de questionar e ultrapassar paradigmas de formação do conhecimento, inaptos à diversidade relacionada ao tema ambiental, não se cinge ao enfrentamento multidisciplinar, mas, sim, "propõe a revalorização de um conjunto de saberes sem pretensões de cientificidade",[367] de forma transdisciplinar, na medida em que o saber ambiental afina-se justamente com a "incerteza e a desordem, com o campo do inédito, do virtual e dos futuros possíveis, incorporando a pluralidade axiológica e a diversidade cultural na formação do conhecimento e na transformação da realidade".[368]

De acordo com essas proposições, de pensar o meio ambiente de forma transdisciplinar, voltando-se ao tema do direito probatório, pertinente analisar um mecanismo que se insere como um meio atípico de

---

[365] LEITE, José Rubens Morato. Transdisciplinariedade e a proteção jurídico-ambiental em sociedade de risco: Direito, ciência e participação. In LEITE, José Rubens Morato; BELLO FILHO; Ney de Barros (org.). *Direito ambiental contemporâneo*. Barueri: Manole, 2004, p. 119.

[366] LEFF, Enrique. *Epistemologia ambiental*. Tradução de Sandra Valenzuela. São Paulo: Cortez, 2006, p. 163-164.

[367] Idem, p. 168.

[368] Idem, ibidem.

prova, relacionado à possibilidade de ampliação dos meios de produção probatória em matéria ambiental.

O que se passa a propor decorre muito especialmente daquelas reflexões sobre cidadania, no sentido de potencialidade de incrementar a participação popular nos espaços decisórios estatais, notadamente no que se refere à jurisdição. Em outros termos, de vincular a participação popular ao conceito de transdisciplinaridade, pela via do processo civil.

Assim, ao mesmo tempo em que a análise feita sobre a cidadania vem a sugerir um tratamento diferenciado à prova, este tratamento diferenciado pode servir como fator de incentivo e facilitação da participação. Resta, pois, ponderar sobre o emprego da dimensão ampliada da cidadania como meio de prova.

Considerando-se o que já foi exposto, é evidente a interação entre a temática da proteção ambiental com outras tantas esferas de interesse, envolvendo tanto os direitos individuais quanto os direitos sociais.

Deste modo, apesar do truísmo, é de se salientar que aquilo que é posto em debate em uma ação judicial envolvendo o meio ambiente, não pertence ao proponente da ação, mas a todos, de forma difusa.

Por tais razões, se por um lado é impossível impor a todos – toda a coletividade – que participem e se interem das questões ambientais, por outro lado é absolutamente legítimo e pertinente que se criem espaços de participação a todos os interessados em assim fazê-lo.

Para ilustrar como isso pode ser feito, uma interessante experiência foi implantada na Vara Federal Ambiental de Florianópolis, pelo Dr. Juiz Federal Zenildo Bodnar, denominada "Audiência Judicial Participativa".

Este instrumento verdadeiramente ampliador da participação pela via jurisdicional – baseado[369] naquelas noções de jurisdição, processo, adequação à natureza do bem, cidadania, dentre outros elementos sustentados neste trabalho – visa a permitir que o maior número de pessoas e entidades que demonstrem possuir "interesse legítimo" com o objeto do processo pudessem fazer a "apresentação de sugestões e contribuições para o adequado tratamento jurisdicional da questão".[370]

Apresentando justificativa para instituição de tal mecanismo, pondera Bodnar que "a democratização do acesso à justiça ambiental, com ampla participação popular, por intermédio de audiências públicas judiciais, é a melhor forma de legitimar a atuação do Poder Judiciário na tutela do meio ambiente e também servirá como mecanismo estratégico

---

[369] BODNAR, Zenildo. Audiência judicial participativa. *Revista de Direito Ambiental*, ano 12, n. 46, abr.-jun./2007. São Paulo: Revista dos Tribunais, 2007, p. 357 e ss.
[370] Idem, p. 362.

de conscientização e educação ambiental. É com a cooperação de todos e com a inteligência coletiva que será possível assegurar a proteção efetiva dos interesses e direitos fundamentais envolvidos direta ou indiretamente nos litígios ambientais".[371]

No mais, adverte que, por aquelas razões, as audiências públicas judiciais devem ocorrer "em todos os casos em que a participação popular seja relevante em razão do alto grau de litigiosidade e da quantidade de direitos fundamentais envolvidos e em rota de colisão".[372]

A realização de tal ato judicial, desde que atendidos os princípios processuais, procedimentos e garantido o equilíbrio entre as partes,[373] pode ser tida como importante meio de prova em demandas ambientais.[374]

Audiências judiciais participativas também podem servir como mecanismo para a ampliação e para o aprofundamento do debate sobre o tema ambiental.

De um lado, promove um debate multidisciplinar, na medida em que abre espaço para o cidadão, para especialistas na matéria, para as autoridades públicas e para os diversos agentes econômicos envolvidos, de modo a satisfazer a necessidade de que a "construção da decisão em matéria ambiental não pode prescindir da efetiva participação, especialmente considerando as suas necessárias imbricações [com os] fatores econômicos, políticos e sociais".[375] Por outro lado, atribui transdisciplinariedade ao debate, permitindo a inclusão de saberes não científicos, mas aqueles tradicionais, de experiência empírica, de uma determinada comunidade inserida e vinculada com o objeto do processo e que será diretamente afetada pela decisão que advirá do processo judicial.

No mais, como adverte Leite, "a *concertação* e a *negociação* se impõem nesse sentido. São a opção por soluções de gestão dos riscos que busquem executar e *concretizar*, especificamente, o sentido jurídico da repartição compartilhada de responsabilidades na proteção do ambiente, na medida em que, ante a inconclusão ou inexistência de informações necessárias para a decisão, *busca-se produzir o conhecimento ainda indisponível* mediante

---

[371] BODNAR, Zenildo. Audiência judicial participativa. *Revista de Direito Ambiental*, ano 12, n. 46, abr.-jun./2007. São Paulo: Revista dos Tribunais, 2007, p. 361.

[372] Idem, ibidem.

[373] Dispõe o Código de Processo Civil: "Art. 332. Todos os meios legais, bem como os moralmente legítimos, ainda que não especificados neste Código, são hábeis para provar a verdade dos fatos, em que se funda a ação ou a defesa". BRASIL. Lei 5.869, de 11 de janeiro de 1973 (Institui o Código de Processo Civil).

[374] BODNAR, Zenildo. Audiência judicial participativa. *Revista de Direito Ambiental*, ano 12, n. 46, abr.-jun./2007. São Paulo: Revista dos Tribunais, 2007, p. 363.

[375] Idem, p. 360.

a organização dos melhores pontos democráticos de consenso que sejam permitidos concretamente o caso específico, atingidos sempre que se permita conciliar no caso concreto, a consideração jurídica da natureza e a proteção dos interesses das futuras gerações, a partir de bases metodológicas que são especialmente *transdisciplinares*".[376]

Deste modo resta demonstrado, ainda que de forma sumária, um formato de produção de prova atípico coerente com os mecanismos de prova disponibilizados no ordenamento e que, na especificidade do tema ambiental, amolda-se ao indicativo da participação popular, como meio de contribuir nos processos de tomada de decisão com um aporte que supere os modelos tradicionalmente disponibilizados pela ciência e pelos padrões processuais.

3.2.3. A prova na tutela preventiva de dano ambiental

Nos tópicos anteriores foram analisadas questões relacionadas à valoração da prova dos elementos caracterizadores da responsabilidade civil por danos ambientais, bem como uma possibilidade de ampliação dos meios de prova na jurisdição ambiental.

Neste momento final a atenção volta-se à prova na tutela preventiva de dano ambiental.

Conforme analisado anteriormente, tanto a Ação Popular quanto a Ação Civil Pública podem ter por objeto: a anulação de um ato lesivo ao meio ambiente, a condenação do agente responsável por uma degradação para reparar ou indenizar um dano ambiental, bem como podem servir para alcançar uma tutela jurisdicional voltada a evitar uma lesão ambiental, de acordo com os princípios da precaução e da prevenção.

Com efeito, a jurisdição ambiental não se reduz à caracterização da responsabilidade civil e consequente dever de reparação de um dano. Admite-se, da mesma forma, a interrupção do fator que deu ou possa dar ensejo a um dano ao meio ambiente. Segundo Mirra, "no direito brasileiro, reconheceu-se que a responsabilidade civil, na esfera ambiental, pode ter como efeito principal e autônomo não só a *reparação propriamente dita do dano* como também a cessação da atividade que se encontra na origem do dano, pela via da denominada *supressão do fato danoso* ao meio ambiente".[377]

---

[376] LEITE, José Rubens Morato. Transdisciplinariedade e a proteção jurídico-ambiental em sociedade de risco: Direito, ciência e participação. In LEITE, José Rubens Morato; BELLO FILHO; Ney de Barros (org.). *Direito ambiental contemporâneo*. Barueri: Manole, 2004, p. 120.

[377] MIRRA, Álvaro Luiz Valery. Responsabilidade civil pelo dano ambiental e o princípio da reparação integral do dano. *Revista de Direito Ambiental*, ano 8, n. 32, out.-dez./2003. São Paulo: Revista dos Tribunais, 2003, p. 69.

É de se acentuar, porém, que a tutela preventiva do dano ambiental não está fundada naquele mecanismo de responsabilização civil fundado na certeza da existência de uma ação, de um dano e do respectivo nexo causal.

Neste ponto trabalha-se justamente com a hipótese de um dano ainda não ter ocorrido, logo, a responsabilização sem dano, com o escopo de evitá-lo. O cerne da análise em tais hipóteses de demanda está, portanto, na licitude ou ilicitude da atividade e na probabilidade de dano, ou, em outros termos, de risco de dano, em decorrência de uma atividade realizada de forma contrária ao direito.

Esta abordagem justifica-se, como leciona Carvalho, no fato de que "as constantes irreversibilidade e irreparabilidade dos danos ambientais ensejam a institucionalização da prevenção e da precaução como pilares lógico-ambientais; a evolução tecnocientífica e sua disseminação maciça na vida cotidiana potencializam a produção de riscos invisíveis e abstratos (imperceptíveis aos sentidos humanos) na sociedade atual; a interdependência das relações existentes nos ecossistemas demarca, muitas vezes, o potencial de o meio ambiente atuar como "fio condutor" de conseqüências transtemporais de um dano já concretizado; a constante indeterminação engendra as ocorrências ambientais e, por isso, acarreta a necessidade de processos de tomada de decisão em contextos de incerteza científica (no que diz respeito aos agentes causadores, a concretização presente ou futura e real dimensão dos danos, determinação dos afetados pelos danos ambientais etc.)".[378]

Diante de tais especificidades, conclui o autor que "são ínsitas à proteção jurídica do meio ambiente a investigação, a avaliação e a gestão dos riscos ambientais gerados a partir de determinadas atividades, minimizando a probabilidade sua concretização em danos, bem como oportunizando o dimensionamento das conseqüências futuras das degradações ambientais já ocorridas".[379]

Conforme já analisado, as hipóteses de tutela para esta abordagem preventiva podem ocorrer por meio de ações inibitórias ou de remoção do ilícito, caracterizadas pela imposição de obrigações de fazer ou de não fazer.

Sobre tais espécies de tutela, interessante notar que, ao mesmo tempo em que exercem um relevante papel na tutela do meio ambiente, posto que objetivam uma ação antecipada ao dano, para evitá-lo; também se caracterizam por possuir um esquema probatório mais facilitado, pois

---
[378] CARVALHO, Délton Winter de. *Dano ambiental futuro*: a responsabilização civil pelo risco ambiental. Rio de Janeiro: Forense Universitária, 2008, p. 124.
[379] Idem, ibidem.

dispensável a comprovação do dano ou mesmo da probabilidade de ocorrência de um dano.

A seguir serão feitas algumas observações respectivamente sobre a prova na tutela inibitória e na de remoção do ilícito.

Sobre a tutela inibitória, o tema probatório "se apresenta de forma mais restrita: cinge-se à demonstração da probabilidade de superveniência de um ato e da ilicitude deste ato. Dispensa-se, pois, a prova do dolo ou da culpa, bem como do dano".[380]

Quanto à prova da ilicitude, bastará demonstrar que a atividade que se pretende realizar é contrária a um dever legal. Contudo, mais dificultosa será a realização da prova da probabilidade de que esta mesma atividade venha a ser efetivamente concretizada.[381] Este segundo elemento somente poderá ser aferido diante de elementos concretos, na medida em que "não basta ao autor a alegação do temor que o ato venha a ocorrer; exige-se a demonstração da ameaça por algum dado concreto",[382] sob pena de caracterizar a ausência de interesse para a propositura da ação.

De outro lado, quanto à tutela de remoção do ilícito, vale recorrer à lição de Marinoni, quando faz a seguinte contextualização: "na ação inibitória destinada a impedir a repetição ou a continuação de um agir ilícito, a prova da probabilidade do ilícito é facilitada em virtude de já ter ocorrido um ilícito ou de a ação já ter se iniciado. Diante da prova do fato passado (fato indiciário), e tomando-se em consideração a natureza do ilícito, torna-se fácil estabelecer um raciocínio (presuntivo) que, ainda que partindo de uma prova indiciária (prova que aponta para o fato futuro), permita a formação de um juízo (presunção) de probabilidade de ocorrência de um fato futuro".[383]

Na situação acima retratada a questão probatória resta facilitada, em razão da existência de elementos concretos e anteriores que podem servir de prova indireta (indiciária) à formação do convencimento judicial que, frise-se, deverá se centrar da licitude ou ilicitude da atividade.

As considerações acima apresentadas, tocantes à prova nas hipóteses de ações preventivas, podem ser visualizadas da seguinte forma: toda atividade que esteja condicionada à realização do licenciamento ambiental assim o será em razão de haver uma pressuposição (técnica) de que a mesma possa gerar um dano (potencialidade de impacto ambiental).

---

[380] TESSLER, Luciane Gonçalves. *Tutelas Jurisdicionais do meio ambiente:* tutela inibitória, tutela de remoção, tutela de ressarcimento na forma específica. São Paulo: Revista dos Tribunais, 2004, p. 307.

[381] Idem, p. 307-308.

[382] Idem, p. 311.

[383] MARINONI, Luiz Guilherme. *Técnica processual e tutela dos direitos*. São Paulo: Revista dos Tribunais, 2008, p. 213.

Deste modo, haverá ilicitude no simples fato de realização da atividade sem a licença ambiental.

No caso de propositura de uma ação contra esta atividade, de caráter inibitório, sem que a mesma tenha ainda iniciado, a prova deverá recair na demonstração da ilicitude (ausência de licença) e na probabilidade de que tal atividade de fato venha a ser concretizada, o que poderá ser feito por meio de elementos que apontem de forma indiciária a tal probabilidade.

Em outra hipótese, caso a atividade já esteja ocorrendo, sem que ainda tenha implicado em danos, dispensável, obviamente, a prova da probabilidade de que tal atividade seja iniciada (bastará demonstrar seu início, por meio de testemunhas ou fotografias, por exemplo), restando necessário apenas demonstrar sua ilicitude, isto é, que deveria ter uma licença ambiental, mas o agente responsável não a possui.

Considere-se, como derradeira observação, a possibilidade de uma atividade estar sendo realizada ou na iminência de ser realizada – sem ainda ter causado danos – tendo sido submetida ao respectivo licenciamento ambiental. Não obstante, esta mesma atividade venha a ser questionada judicialmente, ao argumento de existirem falhas no licenciamento, insuficiência ou precariedade nos estudos que o abalizaram, dentre outras hipóteses.

À evidência, neste caso, não haverá ilicitude *prima facie*, de modo que o tema probatório deverá recair justamente na demonstração das falhas tocantes ao licenciamento, o que se mostra especialmente dificultoso em razão da máxima presuntiva de legalidade dos atos administrativos.

Esta presunção, porém, deve decorrer de alto grau de certeza quanto à correção do licenciamento ambiental, de modo que, havendo comprovação de indícios de sua irregularidade, especial atenção deverá ser dada pelo juiz, buscando e permitindo a produção de provas a convalidar os elementos indiciários e, a depender da consistência, promover a inversão do ônus probatório, para que o agente responsável pela atividade demonstre a regularidade do licenciamento, afastando aqueles elementos indiciários e, caso não o faça ou havendo probabilidade de irregularidade, a partir daqueles indícios, até mesmo julgar de modo a desconstituir o licenciamento e, por conseguinte, julgar pela procedência dos pedidos formulados na ação ambiental.

3.3. Síntese do capítulo

Este terceiro capítulo voltou-se à análise da questão probatória na jurisdição ambiental.

Iniciou-se com a reflexão sobre as regras de distribuição do ônus da prova, demonstrando-se a inadequação do modelo previsto no Código de Processo Civil quando aplicado às demandas envolvendo o bem ambiental e tendo o cidadão como proponente.

Verificou-se, ainda, que a impossibilidade de formação da coisa julgada material, em caso de julgamento de improcedência por deficiência de prova, embora tenha uma função relevante, por si só não promove uma melhora da questão probatória nas demandas ambientais.

Apresentou-se, assim, os fundamentos para autorizar a inversão do ônus da prova, o modo de operação desta inversão, bem como enfatizou-se que a atribuição dos custos financeiros da prova à parte demandada é uma consequência secundária da própria inversão.

Tratou-se da questão da valoração da prova, enfatizando-se o descabimento de se exigir a demonstração de certezas quanto ao dano e ao nexo causal, sendo necessário que o magistrado trabalhe com juízos mais flexíveis, de probabilidade, valendo-se inclusive das máximas de experiência.

Abordou-se também o tema probatório nas demandas voltadas não à reparação de danos, mas à prevenção da ocorrência dos mesmos.

Por fim, analisou-se um meio de prova atípico, consistente das audiências judiciais participativas, como mecanismo de maior participação popular nos processos de tomada de decisão envolvendo o bem ambiental, recurso este que se abre à transdisciplinariedade, não se restringindo aos meios probatórios tradicionais, tampouco à exclusiva abordagem com base em critérios científicos.

Buscou-se demonstrar a aptidão dos princípios da responsabilização e do poluidor-pagador, e da participação, bem como as peculiaridades do bem material ambiental, como fundamentos para se reestruturar a matéria probatória, de forma mais hábil à jurisdição ambiental.

No mesmo sentido, verificou-se que aquele tratamento diferenciado da questão probatória pode vir a viabilizar uma mais adequada tutela do meio ambiente e ao mesmo tempo facilitar e viabilizar o acesso à justiça, de forma mais democrática e participativa.

Referências

ABELHA, Marcelo. *Ação civil pública e meio ambiente*. Rio de Janeiro: Forense Universitária, 2004.

——. *Processo civil ambiental*. São Paulo: Revista dos Tribunais, 2008.

ABREU, Pedro Manoel. *Acesso à justiça e juizados especiais:* o desafio histórico da consolidação de uma justiça cidadã no Brasil. Florianópolis: Fundação Boiteux, 2004.

ALONSO Jr., Hamilton. *Direito fundamental ao meio ambiente e ações coletivas*. São Paulo: Revista dos Tribunais, 2006.

ALPHANDÉRY, Pierre; BITOUN, Pierre; DUPONT, Yves. *O equívoco ecológico:* riscos políticos da inconseqüência. São Paulo: Brasiliense, 1992.

ALVES, Maristela da Silva. Esboço sobre o significado do ônus da prova no processo civil. *In* KNIJNIK, Danilo (coord.). *Prova judiciária:* estudos sobre o novo direito probatório. Porto Alegre: Livraria do Advogado, 2007.

ANDRADE, Vera Regina Pereira de. *Sistema penal máximo x cidadania mínima:* códigos da violência na era da globalização. Porto Alegre: Livraria do Advogado Editora, 2003.

ANTUNES, Paulo de Bessa. *A tutela judicial do meio ambiente*. Rio de Janeiro: Lumen Juris, 2005.

ÁVILA, Humberto. *Teoria dos princípios:* da definição à aplicação dos princípios jurídicos. São Paulo: Malheiros, 2004.

AZEVEDO, Plauto Faraco de. *Ecocivilização:* ambiente e direito no limiar da vida. São Paulo: Revista dos Tribunais, 2005.

BANDEIRA DE MELLO, Celso Antônio. *Curso de Direito Administrativo*. São Paulo: Malheiros, 2006.

BARBOSA MOREIRA, José Carlos. Considerações sobre a chamada "relativização" da coisa julgada material. *Revista de Direito Processual Civil*, n. 34, out.-dez./2004. Curitiba: Genesis, 2004.

BARROSO, Luís Roberto (org.). *A Nova Interpretação Constitucional:* ponderação, direitos fundamentais e relações privadas. Rio de Janeiro: Renovar, 2003.

——. *O Controle de Constitucionalidade no Direito Brasileiro*. São Paulo: Saraiva, 2006.

BECK, Ulrich. *La sociedad del riesgo:* hacia una nueva modernidad. Barcelona: Paidós, 1998.

——; GIDDENS, Anthony; LASH, Scott. *Modernização reflexiva:* política, tradição e estética na ordem social moderna. Tradução Magda Lopes. São Paulo: Universidade Estadual Paulista, 1997.

BEDAQUE, José Roberto dos Santos. O Código Modelo na América Latina e na Europa. Relatório brasileiro. *Revista de Direito Processual Civil*, n. 25, jul.-set./2002. Curitiba: Genesis, 2002.

BENJAMIN, Antônio Herman de Vasconcellos e. A insurreição da aldeia global contra o processo civil clássico: apontamentos sobre a opressão e a libertação judiciais do meio ambiente e do consumidor. In *Ação Civil Pública:* Lei 7.347/85 – Reminiscências e Reflexões após dez anos de aplicação). São Paulo: Revista dos Tribunais, 1995.

——. Constitucionalização do ambiente e ecologização da constituição brasileira. In CANOTILHO, José Joaquim Gomes; LEITE, José Rubens Morato (organizadores). *Direito constitucional ambiental brasileiro*. São Paulo: Saraiva, 2007.

BIERNFELD, Carlos André Souza. *A emergência de uma dimensão ecológica para a cidadania: alguns subsídios aos operadores jurídicos*. Florianópolis, 1997. Dissertação (Mestrado em Direito) – Universidade Federal de Santa Catarina.

BODNAR, Zenildo. Audiência judicial participativa. *Revista de Direito Ambiental*, ano 12, n. 46, abr.-jun./2007. São Paulo: Revista dos Tribunais, 2007.

BRASIL. *Constituição da República Federativa do Brasil de 1988*.

——. *Lei 4.717, de 29 de junho de 1965* (Regula a ação popular).

——. *Lei 5.869, de 11 de janeiro de 1973* (Institui o Código de Processo Civil).

——. Lei 6938, de 31 de agosto de 1981 (Lei da Política Nacional do Meio Ambiente).

——. *Lei 7.347, de 24 de julho de 1985* (Disciplina a ação civil pública de responsabilidade por danos causados ao meio ambiente, ao consumidor, a bens e direitos de valor artístico, estético, histórico, turístico e paisagístico e dá outras providências).

——. *Lei 8.078, de 11 de setembro de 1990* (Dispõe sobre a proteção do consumidor e dá outras providências).

——. *Lei 9.985, de 18 de julho de 2000* (Regulamenta o art. 225, §1º, incs. I, II, III e VI, da Constituição Federal, institui o Sistema Nacional de Unidades de Conservação da Natureza e dá outras providencias).

——. *Lei 10.406, de 10 de janeiro de 2002* (Institui o Código Civil).

——. *Tribunal de Justiça de Santa Catarina*. Apelação Cível 2007.028748-3. Segunda Câmara de Direito Público. Relator Des. Francisco de Oliveira Filho. Decisão de 20.11.2007.

——. *Superior Tribunal de Justiça*. Recurso Especial 1.049.822/RS. Primeira Turma. Relator Min. Francisco Falcão. Decisão de 23.04.2009.

CAMARGO, Marcelo Novelino (org.). *Leituras complementares de direito constitucional*: direitos fundamentais. Salvador: Jus Podivm, 2007.

CAMBI, Eduardo. *A prova civil: admissibilidade e relevância*. São Paulo: Revista dos Tribunais, 2006.

CANOTILHO, José Joaquim Gomes. *Proteção do ambiente e direito de propriedade*. Coimbra: Coimbra Editora, 1995.

——; LEITE, José Rubens Morato (organizadores). *Direito constitucional ambiental brasileiro*. São Paulo: Saraiva, 2007.

CAPPELLETTI, Mauro; GARTH, Bryant. *Acesso à justiça*. Tradução Gracie Northfleet. Porto Alegre: Fabris, 1988.

CARBONE, Carlos Alberto. Cargas probatórias dinamicas: una mirada al derecho comparado y novedosa ampliación de su campo de acción. *Revista de Direito Processual Civil*, n. 35, jan.-mar./2005. Curitiba: Genesis, 2005.

CARNELUTTI, Francesco. *A prova civil: parte geral:* o conceito jurídico da prova. Tradução Amilcare Carletti. São Paulo: Leud, 2002.

CARVALHO, Délton Winter de. Dano ambiental futuro: a responsabilização civil pelo risco ambiental. *Revista de Direito Ambiental*, ano 12, n. 45, jan.-mar./2007. São Paulo: Revista dos Tribunais, 2007.

——. A sociedade do risco global e o meio ambiente como um direito personalístico intergeracional. *Revista de Direito Ambiental*, ano 13, n. 52, out.-dez./2008. São Paulo: Revista dos Tribunais, 2008.

——. *Dano ambiental futuro:* a responsabilização civil pelo risco ambiental. Rio de Janeiro: Forense Universitária, 2008.

CHIOVENDA, Giuseppe. *Instituições de direito processual civil:* Volume 2. Tradução de Paolo Capitanio. Campinas: Bookseller, 1998.

——. *Instituições de direito processual civil:* Volume 3. Tradução de Paolo Capitanio. Campinas: Bookseller, 1998.

CINTRA, Antonio Carlos de Araújo; GRINOVER, Ada Pellegrini; DINAMARCO, Cândido Rangel. *Teoria Geral do Processo*. São Paulo: Malheiros, 2008.

DALLARI, Dalmo de Abreu. *Elementos de teoria geral do Estado*. São Paulo: Saraiva, 1998.

DIDIER JR. Fredie. *Curso de Direito Processual Civil*, volume 1: Teoria geral do processo e processo de conhecimento. Salvador: Jus Podivm, 2008.

———; BRAGA, Paula Sarno; OLIVEIRA, Rafael. *Curso de Direito Processual Civil*, volume 2: direito probatório, decisão judicial, cumprimento e liquidação da sentença e coisa julgada. Salvador: Jus Podivm, 2008.

———; ZANETI JR., Hermes. *Curso de Direito Processual Civil*, volume 4: processo coletivo. Salvador: Jus Podivm, 2008.

DINAMARCO, Cândido Rangel. *A instrumentalidade do processo*. São Paulo: Malheiros, 2003.

ELY MELO, Melissa. *O dever jurídico de restauração ambiental*: percepção da natureza como projeto. Florianópolis, 2008. Dissertação (Mestrado em Direito) – Universidade Federal de Santa Catarina.

FABRÍCIO, Adroaldo Furtado. *Breves notas sobre provimentos antecipatórios, cautelares e liminares*. Porto Alegre: Ajuris, v. 23, n. 66, 1996.

FENSTERSEIFER, Tiago. *Direitos fundamentais e proteção do meio ambiente*: a dimensão ecológica da dignidade humana no marco jurídico-constitucional do estado socioambiental de direito. Porto Alegre: Livraria do Advogado, 2008.

FERREIRA, Heline Sivini. Política ambiental constitucional. In CANOTILHO, José Joaquim Gomes; LEITE, José Rubens Morato (organizadores). *Direito constitucional ambiental brasileiro*. São Paulo: Saraiva, 2007.

FIORILLO, Celso Antonio Pacheco. *Princípios do processo ambiental*. São Paulo: Saraiva, 2004.

FREITAS, Vladimir Passos de. *A Constituição Federal e a efetividade das normas ambientais*. São Paulo: Revista dos Tribunais, 2005.

GALEANO, Eduardo. *De pernas pro ar*: a escola do mundo ao avesso. Porto Alegre: L&PM, 2007.

GIDI, Antonio. *Código de Processo Civil Coletivo*: um Modelo para Países de Direito Escrito. Disponível em DIDIER JR. Fredie; ZANETI JR., Hermes. *Curso de Direito Processual Civil*, volume 4: processo coletivo. Salvador: Jus Podivm, 2008.

GODINHO, Robson Renault. A distribuição do ônus da prova na perspectiva dos direitos fundamentais. In CAMARGO, Marcelo Novelino (org.). *Leituras complementares de direito constitucional: direitos fundamentais*. Salvador: Jus Podivm, 2007.

GODOY, André Vanoni de. *A eficácia do licenciamento ambiental como um instrumento público de gestão do meio ambiente*. Brasília: OAB Editora, 2005.

GORE, Albert. *Uma verdade inconveniente*: o que devemos saber (e fazer) sobre o aquecimento global. Tradução Isa Mara Lando. Barueri: Manole, 2006.

GRINOVER, Ada Pellegrini, et alii. *Anteprojeto de Código Modelo de Processos Coletivos para Ibero-América*. Disponível em DIDIER JR. Fredie; ZANETI JR., Hermes. *Curso de Direito Processual Civil*, volume 4: processo coletivo. Salvador: Jus Podivm, 2008.

HOLANDA, Aurélio Buarque de. *Dicionário Aurélio Escolar da Língua Portuguesa*. Rio de Janeiro: Nova Fronteira, 1988.

HOBSBAWM, Eric J. *A era dos extremos*: o breve século XX, 1914-1991. Tradução Marcos Santarrita. São Paulo: Companhia das Letras, 1995.

INSTITUTO BRASILEIRO DE DIREITO PROCESSUAL. *Anteprojeto de Código Brasileiro de Processos Coletivos*. Disponível em DIDIER JR. Fredie; ZANETI JR., Hermes. *Curso de Direito Processual Civil*, volume 4: processo coletivo. Salvador: Jus Podivm, 2008.

KNIJNIK, Danilo. *A prova nos juízos cível, penal e tributário*. Rio de Janeiro: Forense, 2007.

———. (coord.). *Prova judiciária*: estudos sobre o novo direito probatório. Porto Alegre: Livraria do Advogado, 2007.

LEFF, Enrique. *Epistemologia ambiental*. Tradução de Sandra Valenzuela. São Paulo: Cortez, 2006.

LEITE, José Rubens Morato. *Dano ambiental*: do individual ao coletivo extrapatrimonial. São Paulo: Revista dos Tribunais, 2003.

———. Transdisciplinariedade e a proteção jurídico-ambiental em sociedade de risco: Direito, ciência e participação. In LEITE, José Rubens Morato ; BELLO FILHO; Ney de Barros (org.). *Direito ambiental contemporâneo*. Barueri: Manole, 2004.

———. Sociedade de risco e Estado. In CANOTILHO, José Joaquim Gomes; LEITE, José Rubens Morato (organizadores). *Direito constitucional ambiental brasileiro*. São Paulo: Saraiva, 2007.

———; BELLO FILHO; Ney de Barros (org.). *Direito ambiental contemporâneo*. Barueri: Manole, 2004.

———; CARVALHO, Délton Winter de. O nexo de causalidade na responsabilidade civil por danos ambientais. *Revista de Direito Ambiental*, ano 12, n. 47, jul.-set./2007. São Paulo: Revista dos Tribunais, 2007.

———; FAGUNDEZ, Paulo Roney Ávila (organizadores). *Biossegurança e novas tecnologias na sociedade de risco:* aspectos jurídicos, técnicos e sociais. Florianópolis: Conceito, 2007.

LEMOS, Patrícia Faga Iglecias. *Meio ambiente e responsabilidade civil do proprietário:* análise do nexo causal. São Paulo: Revista dos Tribunais, 2008.

LEONEL, Ricardo de Barros. *Manual do processo coletivo.* São Paulo: Revista dos Tribunais, 2002.

LEVY, Carlos Eduardo; JODAS, Natalia. *Inversão do ônus da prova e o custeio da perícia nas ações civis públicas ambientais – jurisprudência.* In: Congresso Internacional de Direito Ambiental, 12.: 2008 – Mudanças Climáticas, biodiversidade e uso sustentável de energia. São Paulo: Imprensa Oficial do Estado de São Paulo, 2008.

LOPES, João Batista. *A prova no direito processual civil.* São Paulo: Revista dos Tribunais, 2007.

———. Princípio do contraditório e direito à prova no Processo Civil. *Revista de Direito Processual Civil*, n. 30, out.-dez./2003. Curitiba: Genesis, 2003.

MANCUSO, Rodolfo de Camargo. *Ação civil pública:* em defesa do meio ambiente, do patrimônio cultural e dos consumidores – Lei 7.347/85 e legislação complementar. São Paulo: Revista dos Tribunais, 2007.

———. *Ação popular:* proteção do erário, do patrimônio público, da moralidade administrativa e do meio ambiente. São Paulo: Revista dos Tribunais, 2003.

MARCHESAN, Ana Maria Moreira; STEIGLEDER, Anelise. Fundamentos jurídicos para a inversão do ônus da prova nas ações civis públicas por danos ambientais. *Revista da Ajuris*, n. 90. Porto Alegre: AJURIS, 2003.

MARINONI, Luiz Guilherme. *Tutela antecipatória e julgamento antecipado:* parte incontroversa da demanda. São Paulo: Revista dos Tribunais, 2002.

———. (coord.). *Estudos de direito processual civil:* homenagem ao Professor Egas Dirceu Moniz de Aragão. São Paulo: Revista dos Tribunais, 2005.

———. *Técnica processual e tutela dos direitos.* São Paulo: Revista dos Tribunais, 2008.

———; ARENHART, Sérgio Cruz. *Comentários ao Código de Processo Civil*, v.5: do processo de conhecimento, arts. 332 a 341, tomo 1. São Paulo: Revista dos Tribunais, 2005.

———; ———. *Manual do processo de conhecimento.* São Paulo: Revista dos Tribunais, 2006.

MATEUCCI, Carlos Roberto Fornes. Valoração da prova. *Revista de Direito Processual Civil*, n. 21, jul.-set./2001. Curitiba: Genesis, 2001.

MENDES, Aluisio Gonçalves de Castro Mendes. O Anteprojeto de Código Modelo de Processos Coletivos para Países Iberto-Americanos e a legislação brasileira. *Revista de Direito Processual Civil*, n. 31, jan.-mar./2004. Curitiba: Genesis, 2004.

MEZZAROBA, Orides; MONTEIRO, Cláudia Sevilha. *Manual de Metodologia da Pesquisa.* São Paulo: Saraiva, 2003.

MILARÉ, Édis. *Direito do ambiente: doutrina, jurisprudência e glossário.* São Paulo: Revista dos Tribunais, 2005.

——— (coordenador). *Ação Civil Pública:* Lei 7.347/85 – Reminiscências e Reflexões após dez anos de aplicação). São Paulo: Revista dos Tribunais, 1995.

MIRRA, Álvaro Luiz Valery. *Ação Civil Pública e a reparação do dano ao meio ambiente.* São Paulo: Juarez de Oliveira, 2002.

———. Responsabilidade civil pelo dano ambiental e o princípio da reparação integral do dano. *Revista de Direito Ambiental*, ano 8, n. 32, out.-dez./2003. São Paulo: Revista dos Tribunais, 2003.

MITIDIERO, Daniel. Estado Constitucional, Controle de Constitucionalidade e Processo Civil no Brasil: do "Iustum Iudicium" à Constituição de 1988. *Revista de Direito Processual Civil*, n. 40, jul.-dez./2006. Curitiba: Genesis, 2006.

———. A Lógica da Prova no Ordo Judiciarius Medieval e no Processus Assimétrico Moderno: uma Aproximação. *Revista de Direito Processual Civil*, n. 40, jul.-dez./2006. Curitiba: Genesis, 2006.

MORAES, Alexandre de. *Direito Constitucional.* São Paulo: Atlas, 2003.

NALINI, José Renato. *Ética geral e profissional.* São Paulo: Revista dos Tribunais, 2008.

OLIVEIRA, Carlos Alberto Alvaro de. *O processo civil na perspectiva dos direitos fundamentais*. Revista de Direito Processual Civil, n. 26, out.-dez./2002. Curitiba: Genesis, 2002.

———. Poderes do juiz e visão cooperativa do processo. *Revista de Direito Processual Civil*, n. 27. jan.-mar./2003. Curitiba: Genesis, 2003.

———. Efetividade e tutela jurisdicional. *Revista de Direito Processual Civil*, n. 34, out.-dez./2004. Curitiba: Genesis, 2004.

OLIVEIRA, Flávia de Paiva Medeiros de; GUIMARÃES, Flávio Romero. *Direito, Meio Ambiente e Cidadania*: uma abordagem interdisciplinar. São Paulo: Madras, 2004.

OLIVEIRA, Zedequias de. *Licenciamento ambiental como instrumento de proteção da biodiversidade*. In: Congresso Internacional de Direito Ambiental, 10.: 2006 – Direitos Humanos e Meio Ambiente. São Paulo: Imprensa Oficial do Estado de São Paulo, 2006.

OST, François. *A natureza à margem da lei: a ecologia à prova do direito*. Tradução de Joana Chaves. Lisboa: Instituto Piaget, 1995.

SARLET, Ingo Wolfgang; FENSTERSEIFER, Tiago. O papel do Poder Judiciário brasileiro na tutela e efetivação dos direitos e deveres socioambientais. *Revista de Direito Ambiental*, ano 13, n. 52, out.-dez./2008. São Paulo: Revista dos Tribunais, 2008.

SILVA, Danny Monteiro da. *Dano ambiental e sua reparação*. Curitiba: Juruá, 2006.

SILVA, José Afonso. *Curso de Direito Constitucional Positivo*. São Paulo: Malheiros, 1999.

SILVA, Ovídio Araújo Baptista da. *Curso de processo civil*: processo de conhecimento, volume 1. São Paulo: Revista dos Tribunais, 1998.

———. Processo e ideologia. *Revista de Direito Processual Civil*, n. 28, abr.-jun./2003. Curitiba: Genesis, 2003.

———. *Processo e ideologia*: o paradigma racionalista. Rio de Janeiro: Forense, 2004.

STEIGLEDER, Annelise Monteiro. *Responsabilidade civil ambiental*: as dimensões do dano ambiental no direito brasileiro. Porto Alegre: Livraria do Advogado, 2004.

———. Considerações sobre o nexo de causalidade na responsabilidade civil por dano ao meio ambiente. *Revista de Direito Ambiental*, ano 8, n. 32, out.-dez./2003. São Paulo: Revista dos Tribunais, 2003.

TESHEINER, José Maria Rosa. *Sobre o ônus da prova*. In MARINONI, Luiz Guilherme (coord.). *Estudos de direito processual civil*: homenagem ao Professor Egas Dirceu Moniz de Aragão. São Paulo: Revista dos Tribunais, 2005.

TESSLER, Luciane Gonçalves. *Tutelas Jurisdicionais do meio ambiente*: tutela inibitória, tutela de remoção, tutela de ressarcimento na forma específica. São Paulo: Revista dos Tribunais, 2004.

TRENNEPOHL, Natascha. *Seguro Ambiental*. Salvador: JusPodivm, 2008.

VIEGAS, Thaís Emília de Sousa. *A (in)efetividade da tutela coletiva ambiental em face da Lei nº. 7.347/1985: Construção Social ou Desconstrução Judicial*. In: Congresso Internacional de Direito Ambiental, 10.: 2006 – Direitos Humanos e Meio Ambiente. São Paulo: Imprensa Oficial do Estado de São Paulo, 2006.

WAMBIER, Luiz Rodrigues; ALMEIDA, Flávio Renato Correia; TALAMINI, Eduardo. *Curso avançado de processo civil*: teoria geral do processo e processo de conhecimento – volume 1. São Paulo: Revista dos Tribunais, 2002.

WATANABE, Kazuo. *Da cognição no processo civil*. Campinas: Bookseller, 2000.

WOLKMER, Antonio Carlos. *Fundamentos de história do direito*. Belo Horizonte: Del Rey, 2005.

———. *Síntese de uma história das idéias jurídicas*: da antiguidade à modernidade. Florianópolis: Fundação Boiteux, 2006.

ZANETI JR., Hermes. *O problema da verdade no Processo Civil*: modelos de prova e de procedimento probatório. *Revista de Direito Processual Civil*, n. 31, jan.-mar./2004. Curitiba: Genesis, 2004.

ZAVASCKI, Teori Albino. *Processo coletivo*: tutela de direitos coletivos e tutela coletiva de direitos. São Paulo: Revista dos Tribunais, 2007.

Impressão:
Evangraf
Rua Waldomiro Schapke, 77 - P. Alegre, RS
Fone: (51) 3336.2466 - Fax: (51) 3336.0422
E-mail: evangraf.adm@terra.com.br